KLEINE REIHE
HOCHSCHULDIDAKTIK

Herausgegeben von
Andreas Frings, Meike Hensel-Grobe,
Rainer Pöppinghege und Tobias Seidl

Pia Bußmann, Klaus Freitag
unter Mitarbeit von Linda Aach

Digitale Quellenbestände im Geschichtsstudium

AF538013

Bibliografische Information der Deutschen Nationalbibliothek
Die Deutsche Nationalbibliothek verzeichnet diese Publikation in der Deutschen Nationalbibliografie; detaillierte bibliografische Daten sind im Internet über http://dnb.d-nb.de abrufbar.

© WOCHENSCHAU Verlag
Dr. Kurt Debus GmbH
Frankfurt/M. 2024

www.wochenschau-verlag.de
Alle Rechte vorbehalten. Kein Teil dieses Buches darf in irgendeiner Form (Druck, Fotokopie oder einem anderen Verfahren) ohne schriftliche Genehmigung des Verlages reproduziert oder unter Verwendung elektronischer Systeme verarbeitet werden.

Titelgestaltung: Ohl Design
Gesamtherstellung: Wochenschau Verlag
ISBN 978-3-7344-1605-7 (Buch)
E-Book ISBN 978-3-7566-1605-3 (PDF)
ISSN 2749-1609
eISSN 2749-1617
DOI https://doi.org/10.46499/2302

Inhalt

1. Einleitung

Digitale Quellenbestände in der Geschichtswissenschaft

Nein, das ist kein Laptop, den ein Lehrer in der Hand hält, sondern eine Schreibtafel. Das Vasenbild, das von dem Vasenmaler Douris angefertigt wurde, zeigt eine antike „Schulstunde“. Die Schale selbst wird in die Zeit um 480 v. Chr. datiert und ist in Athen hergestellt worden. Sie wurde dann aber importiert und schließlich in Cerveteri/Caere (Italien) gefunden (Buitron-Oliver 1995: 88). Das Vasenbild ist ein guter Ansatzpunkt für das Projekt, das wir im Folgenden vorstellen wollen.

Abb. 1: Vase des Vasenmalers Douris – Lehrer mit Schreibtafel (Quelle: Pottery Fan, CC BY-SA 3.0)

„E-Humanities" in der Geschichtswissenschaft

Die Geschichtswissenschaft hat unter dem Leitbegriff der „Digital Humanities" heutzutage die Möglichkeit, auf einen erheblichen Teil ihrer Quellen in digitaler Form zuzugreifen. Die „Digital Humanities" sind an der Schnittstelle von Computer- bzw. digitalen Technologien und den geisteswissenschaftlichen Disziplinen angesiedelt. Die Bestrebungen zur Digitalisierung von Quellen begannen bereits in den 1980er Jahren mit dem Ergebnis, dass heute in den verschiedenen Epochen der Geschichtswissenschaft in unterschiedlichem Ausmaß sogenannte digitale Volltextdatenbanken zur Verfügung stehen. Viele dieser Quellen werden unter den Grundsätzen von „Open Access" und „Open Data" angeboten, sodass Materialien und Forschungsergebnisse bestmöglich ohne Gebühren oder andere Barrieren online zugänglich sind und die Daten frei weiterverwendet und weiterverbreitet werden können.

Die Volltextdatenbanken ermöglichen eine völlig neue Arbeitsweise und sind nicht mit rein digitalisierten Quelleneditionen zu verwechseln. Mitsamt allen zugehörigen neuen Möglichkeiten können die Datenbanken auch in der akademischen Lehre in verschiedenen Bachelor- und Masterstudiengängen eingesetzt werden. Vor allem die Alte Geschichte nimmt hier eine Vorreiterrolle ein. Sie verfügt über einen nahezu vollständig digitalisierten literarischen Quellenbestand – eine Leistung, die in anderen Epochen der Geschichtswissenschaft aufgrund der schieren Menge an Quellen nicht zu erbringen ist.

Das Projekt „DiQuAG"

Das hier vorgestellte Projekt „Digitale Quellenbestände und ihr Einsatz in der Alten Geschichte" (DiQuAG) bezieht sich auf antike Quellen. Allerdings gibt es auch in der mittelalterlichen und neuzeitlichen Geschichtsforschung lange Link-Listen, die auf die verschiedenen digitalen Volltextdatenbanken verweisen. Beispielhaft seien hier die mediävistischen Projekte der „Monumenta Germaniae Historica" digital oder der „Regesta Imperii" genannt. So kommt es, dass die folgenden Ausführungen projektbedingt den Fokus auf die Alte Geschichte legen, die dazugehörigen didaktischen Ansätze aber auch auf andere Epochen der Geschichtswissenschaft übertragbar sind. Die Vor- und Nachteile von Datenbanken, die Gestaltung von Lehrvideos und E-Tests oder die digitale Medienkritik sind für alle Epochen von zentraler Bedeutung.

Vorteile digitaler Onlinedatenbanken in der Alten Geschichte

Die Nutzung von Onlinedatenbanken hat einige Vorteile gegenüber der Arbeit mit traditionell gedruckten Quelleneditionen. Innerhalb von Minuten kann man in Onlinedatenbanken orts- und zeitungebunden Quellen ausfindig machen. Gedruckte Quelleneditionen haben einen deutlich längeren Publikationsprozess als Onlinedatenbanken, einen erheblichen Ressourcenverbrauch und sind – vor allem bei Bildbänden – mit hohen Druckkosten verbunden. Einmal veröffentlicht können Publikationen zudem erst bei einer neuen Auflage erweitert, verändert oder verbessert werden. Bei der Nutzung gedruckter Editionen ist man außerdem zumeist auf Fachbibliotheken angewiesen, sodass das Arbeiten mit diesen an deren Aufbewahrungsort und an Öffnungszeiten gebunden ist. Häufig sind dann nicht alle Textausgaben und Quellencorpora in den jeweiligen historischen Fachbibliotheken vorhanden – zumeist aus Kostengründen. Das kann auch dann zum Problem werden, wenn aktuelle historische Fragestellungen diskutiert werden sollen. In der Alten Geschichte ist das z.B. der Fall, wenn sich mit dem Thema „Nachhaltigkeit in der Antike" oder „Klimaveränderungen in der Antike" beschäftigt wird und eben nicht mit althistorischen Standardthemen wie die „Eroberung Galliens unter Julius Caesar". Kreative Fragestellungen fördern das Interesse der Studierenden an der Geschichtswissenschaft, setzen aber auch voraus, dass auf unterschiedlichstes Quellenmaterial zurückgegriffen werden kann.

Durch den nicht notwendigen Druckprozess können Datensätze schnell in Onlinedatenbanken veröffentlicht werden. Ein wesentlicher Vorzug der digitalen Quellendatenbanken besteht außerdem darin, dass sie stetig erweitert, verbessert, korrigiert und untereinander verknüpft werden können. Neu entdeckte oder wiedergefundene Quellen werden in digitaler Form teilweise in länder- und kontinentübergreifender Zusammenarbeit viel schneller und kostengünstiger bereitgestellt, als dies im Rahmen des Publikationsprozesses der großen Quellencorpora möglich ist.

In der Alten Geschichte sind regelmäßige Erweiterungen des Quellenbestandes durch Neufunde vor allem bei Inschriften und Papyri zu verzeichnen. Der Augsburger Althistoriker Andreas Hartmann hat vor kurzem darauf hingewiesen, dass derartige Quellenzeugnisse, die den Sprung in die neue digitale Welt nicht schaffen, drohen vergessen zu werden (Hartmann 2020: 169–190). Insofern unterstützt die digitale Bereitstellung neuer Quellen die Mediengewohnheiten in einer digitalen Welt, in die vor allem jüngere Generationen von Studierenden hineinwachsen. Diese sorgen wiederum dafür, dass die Quellen nicht in Vergessenheit geraten und in aktuelle Fragestellungen einbezogen werden. In der Regel bieten die Quellendatenbanken zudem deutlich mehr und teilweise bessere Abbildungen als die gedruckten Quellencorpora. Inzwischen entstehen darüber hinaus erste Projekte, in denen an Editionen (originale Texte und Übersetzungen) gearbeitet wird, die von vornherein digital konzipiert sind.

Vernachlässigung der Onlinedatenbanken in der bisherigen Lehre

Trotz dieser Möglichkeiten ist die Verwendung von Onlinedatenbanken häufig nicht im Forschungs- und Lehralltag von Althistorker:innen angekommen. Bisher arbeiten sie wie viele andere Historiker:innen zwar in der eigenen Forschung in hohem Maße mit digitalen Ressourcen, diese Arbeitsweise findet aber kaum Erwähnung geschweige denn eine kritische Reflektion in der Lehre und wird zudem meist unter der Hand eher negativ bewertet. Antike Quellen werden häufig online gelesen, oft auch in Übersetzungen, trotzdem wird theoretisch die gedruckte Ausgabe zitiert und vorgegeben, diese sei bei der Zitation der Quelle herangezogen worden. Bei einem Zitat wie Thuk. 1,13,2 ist nicht erkennbar, ob man mit einer gedruckten Ausgabe oder einer Onlinedatenbank gearbeitet hat.

Die Bewertung von Onlinedatenbanken in der Einführungsliteratur

Grundlegende Einführungen zur Alten Geschichte gehen in ihren aktuellen Auflagen auch auf Onlinedatenbanken ein, stellen diese aber vorrangig als Recherchemittel und nicht als valide Plattform zur kritischen Quellenarbeit vor. Außerdem wird die Arbeit mit digitalen Volltextdatenbanken aufgrund eines vermeintlich höheren Zeitaufwandes dort erst für Abschlussarbeiten empfohlen. Studienanfänger:innen hingegen sollten weiter den analogen Weg nutzen (Blum/Wolters 2021: 141–144).

Andreas Hartmann geht in Reaktion auf die Neuauflage des wichtigen Einführungswerkes von Blum und Wolters auf dieses Problem ein und kritisiert mit Blick auf konzeptionelle Gesichtspunkte, dass die Datenbanken lediglich in einem Unterkapitel zur „Internetrecherche“ als Teilaspekt eines Quellenrecherche-Kapitels und nicht in den Kapiteln zu den jeweiligen Fachgebieten vorgestellt werden. Dadurch würden sie als reine Findmittel stilisiert. In Anbetracht der digitalen Möglichkeiten durch die vorliegenden Onlinedatenbanken – vor allem wenn die Arbeitsmöglichkeiten an den vielen Universitätsstandorten in den Blick genommen werden, die kein Forschungszentrum für altertumskundliche Fragestellungen darstellen – sei eine Nutzung der digitalen Quellendatenbank als reines Findmittel jedoch zu kurz gedacht. Das digitale Angebot biete einen Mehrwert, nicht zuletzt, wenn man an Abbildungen denkt. Andreas Hartmann zufolge sei es wichtig, „auf die sehr unterschiedlichen methodischen Ansprüche der einzelnen Datenbanken einzugehen, um eine kritische Benutzung zu ermöglichen“ (Hartmann 2022: 151–152).

Chancen beim Einsatz digitaler Quellenbestände in der Lehre

Wir haben als Adressat:innen unseres Projektes DiQuAG explizit Studienanfänger:innen in den Blick genommen. Einerseits, weil wir, wie Andreas Hartmann, digitale Volltextdatenbanken nicht als reine Quellenrecherche-Tools bewerten und andererseits, weil wir glauben, dass eine umfassende Quellenrecherche über den digitalen Weg auch für Studienanfänger:innen schnell erlernbar ist, sofern eine gute Einarbeitung erfolgt. Die Aneignung neuer Arbeitsmethoden ist im fortgeschrittenen Studium außerdem deutlich schwieriger.

Wir vertreten also den Ansatz, dass die grundsätzlich wichtige analoge Arbeitsweise in Bibliotheken durch reflektiertes Arbeiten mit Onlinedatenbanken ergänzt werden sollte. Eine stärkere Beachtung der digitalen Ressourcen fördert eine eigenständige wissenschaftliche Herangehensweise der Geschichtsstudierenden enorm, wenn sich durch zielgerichtete und zeitlich konzentrierte digitale Recherche sowie durch zeit- und ortsunabhängiges Arbeiten kosten- und zeitintensive Wege abkürzen. Den Geschichtsstudierenden steht somit letztendlich auch digital die gesamte Welt der antiken Quellen offen.

Chancen und Probleme im Umgang mit Onlinedatenbanken

Onlinedatenbanken stellen Nutzer:innen vor andere Probleme als gedruckte Quelleneditionen. Nur nach einer zeitaufwändigen und tiefgehenden Einarbeitung kann sicher und transparent mit diesen Datenbanken gearbeitet werden. Man muss die Probleme, die diese Onlinedatenbanken aufweisen, genau benennen und sich die Konsequenzen beim konkreten Umgang bewusst vor Augen führen.

Auch für Fachkundige ist es häufig nicht einfach, die besonderen Formen der wissenschaftlichen Kommunikationsmöglichkeiten in digitaler Form im Rahmen der Altertumskunde zu überschauen und Quellen und Daten in eigene wissenschaftliche Arbeiten zu integrieren.

Problem fehlender Normen für die Oberfläche von Onlinedatenbanken

Wegen der ungeheuren Fülle der sich gegenwärtig entwickelnden Angebote und Projekte ist es sehr schwierig, einen konzentrierten Überblick zu erhalten. Die Oberflächen der Onlinedatenbanken sind außerdem nicht genormt, sodass sich bei der Nutzung jeder Datenbank neu orientiert und eingearbeitet werden muss. Zusätzlich sind die meisten Datenbanken nicht intuitiv gestaltet, sondern erfordern eine gründliche Auseinandersetzung oder bereits vertiefte Kenntnisse. Gerade Studierende können zudem nicht immer mit dort verwendeten und nicht erklärten Fachbegriffen der Geschichtswissenschaft umgehen, vor allem, wenn diese in einer Fremdsprache verfasst sind. Zwar stehen viele Online-Tutorials nicht nur für Forschende, sondern auch für Studierende bereit, allerdings fehlt durch die anfängliche Überforderung häufig die Motivation, sich eigenständig mit den Datenbanken vertraut zu machen.

Strukturelle Probleme

Ein weiteres Problem der Datenbanken ist die Ungewissheit ihrer Beständigkeit. Alle relevanten Quellengattungen zur antiken Geschichte sind zwar heute sehr gut online erschlossen, es fällt aber schwer, in diesem dynamischen Feld auf dem Laufenden zu bleiben und einen aktuellen Überblick zu behalten. Während viele neue Datenbanken entstehen, verschwinden gleichzeitig bereits existierende oder die inhaltliche und technische Betreuung einer Plattform wird eingestellt.

Fehlende Sorgfalt

Zum Teil sind Datenbanken außerdem nicht so sorgfältig erstellt und korrigiert worden wie ihre analogen Geschwister. Zwar sind auch gedruckte Editionen nicht fehlerfrei, aber durch langwierige und kostenintensive Überarbeitungsprozesse wird ein sehr hohes Maß an Sorgfalt betrieben und garantiert. Bei Onlinedatenbanken besteht dagegen aufgrund unübersichtlicher und niedrigschwelliger Bearbeitungsprozesse die Gefahr, dass es zu fehlerhaften Texten oder missverständlichen Angaben kommt, die dann ungewollt in eigenen wissenschaftlichen Arbeiten übernommen werden.

Fehlende wissenschaftliche Standards

Darüber hinaus existieren für die Datenbanken keine verbindlichen wissenschaftlichen Standards, sodass die Anwender:innen selbst entscheiden müssen, ob eine Datenbank wissenschaftlich brauchbar ist. Die meisten Textdatenbanken bieten lediglich einen einfachen Lesetext. Sie verzichten auf einen kritischen Apparat, in dem die Überlieferungsvarianten der mittelalterlichen und frühneuzeitlichen Handschriften vermerkt sind und in denen die Editor:innen ihre eigenen Textänderungen kenntlich machen.

Veraltete Quelleneditionen

Zuletzt werden häufig, vor allem bei den Datenbanken zu literarischen Quellen, ältere gedruckte Editionen digitalisiert. Da aber bestmöglich mit aktuellen Quelleneditionen, die den neuesten Forschungsstand repräsentieren, gearbeitet werden soll, entstehen auch hier Probleme. Die Arbeit am Bildschirm und im Internet ist also kein vollständiges Äquivalent zum Studium der „Bücher“ in Bibliotheken. Fachbibliotheken verkörpern auch heute noch den zentralen Kommunikationsraum für die althistorische Fachgemeinschaft, auch als sozialer Lern- und Interaktionsort. In Zukunft wäre eine engere Zusammenarbeit, die eine hybride Veröffentlichung in digitalen und gedruckten Editionen ermöglicht, wünschenswert.

Vorteile digitaler Quellendatenbanken in der Alten Geschichte	Nachteile digitaler Quellendatenbanken in der Alten Geschichte
• Digitale Verfügbarkeit • Möglichkeit des direkten Vergleichs vieler Quellen • Meist kostenlos zugänglich • Mehr und bessere Abbildungen • Möglichkeit einer regelmäßigen und schnellen Erweiterung und Korrektur des Quellenbestandes • Möglichkeit der Verknüpfung verschiedener Datenbanken • Keine Druckkosten • Weniger Ressourcenverbrauch	• Fehlen wissenschaftlicher Standards • Häufige Verwendung alter Quelleneditionen • Fehlen von Gestaltungsnormen • Unsichere Beständigkeit • Teilweise fehlende Sorgfalt und Korrektur

Abb. 2 (Quelle: eigene Darstellung)

Die Ziele des Projektes „Digitale Quellenbestände in der Alten Geschichte" (DiQuAG)

Während immer wieder finanzielle Mittel in die Digitalisierung historischer Quellen fließen, wird der konkrete Umgang mit historischen Onlinedatenbanken in der akademischen Lehre und die damit verbundenen Chancen und Herausforderungen für Geschichtsstudierende nicht ausreichend thematisiert. Die digitalen „Werkzeuge" für Althistoriker:innen werden in der Regel nur in Link-Listen präsentiert, die ohnehin schon mehrfach im Internet bereitgestellt sind. Dabei werden weder die Inhalte der Datenbanken behandelt, noch wird ein Lernmodell eingerichtet, um den Umgang einzuüben.

Wir möchten den Studierenden eine hybride altertumskundliche Arbeitsweise vermitteln, in der die gedruckten Standardtextausgaben und Quellencorpora durch digitale und webbasierte Quellenreferenzwerke und Ressourcen im Bereich der konkreten wissenschaftlichen Arbeit in der Alten Geschichte ergänzt werden.

An diese Prozesse knüpft das Projekt DiQuAG an und liefert einen ersten didaktischen Ansatz zum Umgang mit digitalen Quellen. Bislang fehlte nämlich ein grundsätzlicher, zusammenfassender und erklärender Zugriff auf die Datenbanken. Bei der Umsetzung soll in den Einführungsmodulen des Geschichtsstudiums vor allem vermittelt werden, wie digitales antikes Quellenmaterial aufzufinden ist, wie damit umgegangen werden kann und wie es für die eigene Arbeit in Form eines Referats oder einer Hausarbeit nutzbar gemacht werden kann. Um sich diesem Problem zu nähern, wurde mit Blick auf unterschiedliche digitale Quellendatenbanken ein grundsätzlicher didaktischer Einstieg – von der Formulierung einer althistorischen Fragestellung bis hin zum konkreten Umgang mit den unterschiedlichen online verfügbaren Quellengattungen – ausgearbeitet. Damit steht die wissenschaftliche Alltagspraxis als „digitalisiertes Arbeiten" im Zentrum. Vermittelt werden sollen Strategien, die das Suchen und Arbeiten im auf den ersten Blick „unendlichen Archiv" („infinite archive") in riesigen Online-Quellensammlungen vorsehen.

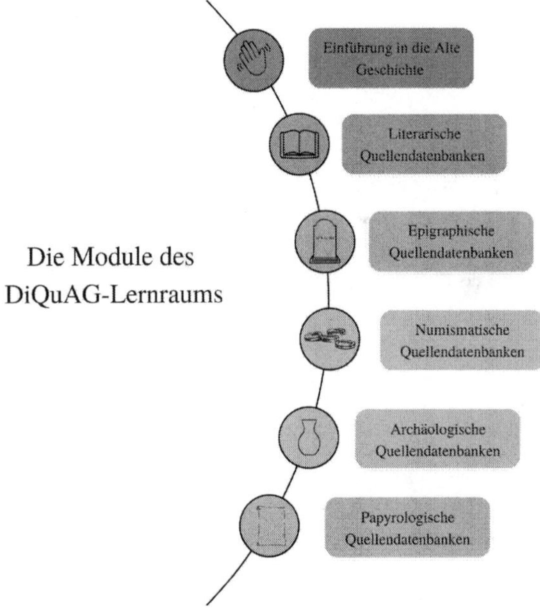

Abb. 3 (Quelle: eigene Darstellung)

Ziel war es, den Studierenden einen Leitfaden mit E-Learning Tutorials an die Hand zu geben, der es ihnen ermöglicht, sich schnell, qualitativ abgesichert und zielgerichtet in digitalen Quellenbeständen im Internet zurechtzufinden. Zudem wurde die Frage thematisiert, wie derartige Quellenbestände in eigenen Hausarbeiten und vergleichbaren wissenschaftlichen Ausarbeitungen (Essays, Referatspräsentationen etc.) herangezogen und zitiert werden können. Die digitalen Quellenbestände bieten beste Voraussetzungen für exzellentes Lehren und Lernen und stellen ein didaktisch sinnvolles „Blended Learning Format" dar, das Online-Bildungsmaterialien mit ortsgebundenen Unterrichtsmethoden kombiniert.

Exkurs zur Alten Geschichte

Folgend möchten wir zur Orientierung einen kurzen Überblick über unsere Quellensituation geben, da wir den inhaltlichen Aufbau des Projektes stark an die Quellensituation der Alten Geschichte geknüpft haben.

Die Alte Geschichte konzentriert sich auf die griechischen und römischen Kulturen. Eine exakte räumliche und zeitliche Definition ist dabei – wie in jeder Epoche – nicht möglich. Als grober Richtwert kann der Beginn der Antike mit dem Einsetzen der griechischen Schriftlichkeit verknüpft werden, also mit den Anfängen einer „griechischen" Hochkultur in der minoisch-mykenischen Zivilisation. Das Ende der Antike wird häufig mit dem Zusammenbruch der römischen Herrschaft in Westeuropa Ende des 5. Jh. n. Chr. in Verbindung gebracht, auch wenn es sich bei der sog. „Spätantike" um einen langen Transformationsprozess handelt.

Griechen und Römer haben dezidiert „Buchkulturen" in griechischer und lateinischer Sprache ausgebildet, obwohl sie in sehr stark oral geprägten Gesellschaften lebten. Neben den literarischen Quellen beschäftigt sich die Alte Geschichte mit der Inschriftenkunde, der Münzkunde sowie mit archäologischen und papyrologischen Funden. Diese markieren die fünf zentralen Quellengattungen der Alten Geschichte.

Alle Epochen heben sich durch ihre jeweils spezifische Quellensituation von den anderen ab – so auch die Alte

Geschichte. Der Umfang des literarischen Quellenmaterials in der Alten Geschichte ist relativ gering und in sich weitgehend abgeschlossen, weshalb Althistoriker:innen auf weitere Quellengattungen wie Münzen, Inschriften, Papyri oder archäologische Funde angewiesen sind. Die literarische Quellensituation hat dazu geführt, dass inzwischen nahezu die gesamte erhaltene literarische Produktion der Antike in elektronische Textcorpora zur Verfügung steht. Aber auch die dezentrale Überlieferung über die gesamte Mittelmeerregion hinweg sowie das benötigte Bildmaterial bei numismatischen, epigraphischen, archäologischen und papyrologischen Quellen hat zu diesem Prozess geführt. Das Ergebnis ist eine – im Kontext der Geschichtswissenschaft beispiellose – beinahe vollständige Digitalisierung des literarischen Quellenbestandes.

Die fortschrittliche Rolle der Alten Geschichte im Bereich der „Digital Humanities" hat ihren Ursprung im Thesaurus Linguae Graecae (TLG), einem Wörterbuch der griechischen Sprache auf der Grundlage der überlieferten griechischen Texte von Homer bis zum Fall Konstantinopels im Jahre 1453. Bereits im Jahre 1985 wurde eine digitale Version A des TLG veröffentlicht. Sie soll die erste CD-ROM für Endverbraucher:innen gewesen sein, die keine Musik enthielt (Hartmann 2020: 181).

2. Die Umsetzung des Projektes DiQuAG

Förderlinie Curriculum 4.0

Das Projekt konnte durch die Förderlinie Curriculum 4.0.nrw des Ministeriums für Kultur und Wissenschaft des Landes Nordrhein-Westfalen in Kooperation mit dem Stifterverband und der Digitalen Hochschule NRW realisiert werden. Die Förderlinie unterstützt die Weiterentwicklung von Curricula bestehender Studiengänge, um die Studien- und Lehrinhalte an die stetigen Digitalisierungsprozesse anzupassen. Dabei werden entweder ganze Studiengänge oder – wie in unserem Fall – einzelne Module in den Blick genommen.

Strukturen zur Realisierung von „Blended Learning"-Projekten an der RWTH

Das Projekt schließt sich an eine Digitalisierungsstrategie für die Lehre an der RWTH Aachen an, die seit 2014 verfolgt wird. Der Einsatz digitaler Methoden des „Blended Learning" spiegelt sich in der Lehre mit digitalen und forschungsnahen Schwerpunkten an der Philosophischen Fakultät wider. An der RWTH existiert zur Unterstützung dieser Projekte das Center für Lehr- und Lernservices (CLS). Dort kooperieren die Abteilungen Medien für die Lehre (MfL) für den technischen Support, Excellent Academic Teaching (ExAcT) als hochschuldidaktischer Partner, das Lernplattformmanagement (LPM) und das SelfAssessment (SAM). Das Ziel des CLS ist es, mit seinem Angebot die Lehrqualität und Studienbedingungen an der RWTH zu verbessern.

Adressat:innen des Projektes

Das Projekt DiQuAG ist in einem Proseminar (4 SWS pro Woche) in den Einführungsmodulen angesiedelt und konzentriert sich auf Studienanfänger:innen, also Bachelorstudierende im Rahmen des Lehramtsstudiums sowie der Ein-Fach-Bachelorstudiengänge „Gesellschaftswissenschaften" und „Geschichtswissenschaft".

Ein Proseminar dient in erster Linie der propädeutischen Heranführung: Den Studierenden werden die Grundlagen des wissenschaftlichen Arbeitens vermittelt. Zentral ist dabei die Erschließung antiker Quellen. Darüber hinaus lernen die Studierenden allgemeine und spezielle Schlüsselqualifikationen wie Recherchieren, Bibliographieren und Zitieren. Exemplarisch werden in den Proseminaren thematische Schwerpunkte gesetzt, wie z.B. im WS 2018/19 „Geschichte der römischen Republik", im SoSe 2019 „Augustus und seine Zeit" oder im WS 2019/20 „Alexander der Große". Die Entscheidung, die Inhalte von DiQuAG bereits Studienanfänger:innen näher zu bringen, haben wir aus zwei Gründen getroffen: Zum einen soll den Studierenden die Möglichkeit gegeben werden, durch die propädeutische Vermittlung in den Proseminaren bereits nach den ersten Semestern des Studiums eine routinierte Arbeitsweise mit digitalen Hilfsmitteln zu entwickeln. Aus propädeutischen Gründen war eine Ansiedlung von DiQuAG in den Proseminaren also naheliegend. Zum anderen wäre es nicht sinnvoll, den propädeutischen Anteil in den Basismodulen auf „analoge" Arbeitsweisen zu beschränken, die dann zu einem späteren Zeitpunkt durch die Inhalte des Projektes DiQuAG angepasst werden müssten.

Vorgehen

Vorarbeiten für das Projekt

Das erste Ziel des Projektes war es, einen Leitfaden zur Verwendung digitaler antiker Quellen zu erarbeiten. Vorbereitend wurde ein kommentierter aktueller Leitfaden in Form eines multimedialen E-Books erstellt, in dem online verfügbare digitale Textcorpora und Bilddatenbanken vorgestellt sind.

In einer Pilotphase wurden in einem althistorischen Proseminar im Rahmen von kooperativen Arbeitsvorgängen mit Studierenden einzelne antike Quellen digital präsentiert und deren Bedeutung und Aussagekraft diskutiert. Anschließend verfassten die Seminarteilnehmer:innen kurze Abhandlungen zu den Quellen, in denen Fußnoten angelegt wurden, die Zitate von antiken Quellen und von Forschungsliteratur beinhalten. Diese Abhandlungen wurden dann digital bereitgestellt und in einem kollegialen „Peer-Review-Verfahren" von den anderen Seminarteilnehmer:innen, also Personen mit ähnlichen Kompetenzen, in einer Feedback-Kultur gelesen, diskutiert und kommentiert, um ihre Kritikfähigkeit zu stärken. Daran anschließend wurde der Frage nachgegangen, wie sich Quellen generell in digitalen Quellensammlungen finden lassen.

Realisierung des Projektes als „Blended-Learning-Angebot"

Aufbauend auf diesen Erfahrungen haben wir uns dazu entschieden, die Inhalte des Projektes als „Blended-Learning-Angebot" zur Verfügung zu stellen. Für ein Proseminar in Alter Geschichte im Umfang von 4 SWS wurde eine innovative digitale Lehrsequenz in sechs Modulen in Form von E-Learning Tutorials geschaffen, die alle digitalen Quellengattungen im Rahmen der Altertumskunde miteinbezieht. Es ist also jeweils ein Modul zu den Quellengattungen sowie ein Abschnitt zur Einführung in die Alte Geschichte entstanden. Die Module bestehen aus Videos, PDF-Dateien und E-Tests. Nur das Modul zu den papyrologischen Datenbanken bietet keinen E-Test. Die Studierenden der Alten Geschichte kommen in den ersten Semestern nur selten mit Papyri in Berührung. Um eine Überforderung zu vermeiden, wurde deshalb an dieser Stelle auf einen E-Test verzichtet.

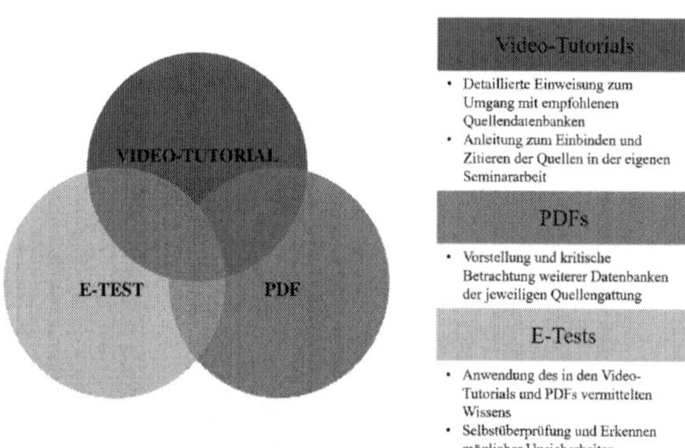

Abb. 4 (Quelle: eigene Darstellung)

Evaluation der Datenbanken

Auf der Basis des multimedialen E-Books wurde evaluiert, welche Datenbanken in den Vordergrund gerückt werden sollten. Dabei spielten sowohl die Komplexität und die Anwendungsfreundlichkeit als auch die Qualität der digitalen Quelleneditionen eine Rolle. Wir haben daraufhin 23 Datenbanken kontaktiert, von denen uns 20 eine positive Rückmeldung gegeben haben. Die Onlinedatenbanken stehen alle unter verschiedenen Lizenzen online zur Verfügung. Neben der allgemeinen Anfrage, ob wir die Datenbanken via Bildschirmaufnahmen zeigen und in unser didaktisches Konzept integrieren dürfen, musste auch die Lizenz abgeklärt werden, unter welcher die Tutorial-Videos von unserer Seite veröffentlicht werden. Wichtig bei der Realisierung solcher Projekte ist es, sich mit den Copyright-Richtlinien vertraut zu machen und die jeweiligen Genehmigungen vor der Veröffentlichung der Videos einzuholen und zu kennzeichnen.

Konzeption von E-Learning-Videos

In den E-Learning-Video-Tutorials wird vor allem die Arbeits- und Vorgehensweise beschrieben, wie digitale Quellen in Hausarbeiten verwendet werden können. Die veränderten Kompetenzbereiche beziehen sich auf den kritischen Umgang mit der großen Zahl von Quellen, die online bereitstehen. Dabei steht als Mehrwert vor allem die digitale Verfügbarkeit, die Transparenz und Vergleichbarkeit der Quellen und deren Übertragung in eine wissenschaftliche Hausarbeit im Mittelpunkt des Interesses. Im Sinne eines „Flipped Classroom" werden die von zu Hause aus erarbeiteten Videoinhalte im Proseminar aufgegriffen und vertieft. Eine Evaluation, die im SoSe 2021 durchgeführt wurde, hat bestätigt, dass die reine Bereitstellung der Videos zum Selbststudium nicht ausreicht. Die Studierenden wünschten sich zusätzlich eine explizite Einbindung in die Inhalte des Proseminars.

Vorteile des Selbststudiums/ E-Learnings	Vorteile des Präsenz-unterrichts
Örtliche und zeitliche Flexibilität Selbstbestimmtes Lernen (Tempo sowie Reihenfolge der Inhalte) Lerninhalte unbegrenzt wiederholbar	Möglichkeit der Diskussion und Klären eventueller Fragen Unmittelbare Kontrolle des Lernstandes durch Dozierende Individuell anpassbare Lehrinhalte und Schwerpunktsetzung

Abb. 5 (Quelle: eigene Darstellung)

Konzeption von E-Tests zur Wissensvertiefung

Eine korrekte und gewinnbringende Verwendung der Datenbanken durch Studierende stellt sich nur bei einer regelmäßigen, in den universitären Unterricht einbezogenen Arbeit mit den Datenbanken ein. Deshalb wurden insgesamt zehn E-Tests mit Rückbezug auf die Lehrvideos konzipiert, in denen die Studierenden den Umgang mit den Datenbanken trainieren können. Auf diese Weise soll eine eigenständige Aneignung der Inhalte gefördert werden. Die E-Tests dienen den Studierenden zur eigenen Leistungsabfrage und bleiben unbenotet.

Das Projekt DiQuAG selbst ist außercurricular angesiedelt. Die Prüfungsordnungen unserer Studiengänge mussten somit nicht angepasst werden. In den Modulhandbüchern wurden Erläuterungen basierend auf den Erfahrungen des Projektes hinzugefügt.

Zusätzlich zu den vorgestellten Modulen stehen im Lernraum weitere propädeutische Videos zur Verfügung, die den Studierenden etwa den Umgang mit althistorischen Lexika, den verwendeten standardisierten Abkürzungen und bibliographischen Datenbanken erklären, um auch so die Nutzung der althistorischen Onlinedatenbanken zu erleichtern und zu fördern.

Technische Umsetzung

Digitale Lernplattform Moodle

Im Projekt DiQuAG soll die Arbeit mit antiken Quellenbeständen, die in digitaler Form online zur Verfügung stehen, in umfassender Weise in die Lehre integriert werden. Dazu wurde eine webbasierte Lernplattform verwendet. Bereitgestellt werden die Lern-Videos im digitalen Lernraum RWTHMoodle, der zentralen webbasierten Lernplattform der RWTH Aachen. Die virtuellen Lernräume bieten vielfältige Funktionen zur Umsetzung digitaler Lehrformate. Dank diverser Plug-ins aus der Open-Source-Community von RWTHMoodle ist die Plattform flexibel erweiterbar. Dort steht nun ein digitaler Lernraum zum Thema DiQuAG zur Verfügung, dem natürlich in Corona-Zeiten besondere Bedeutung zukam. In den Lernraum wurde das Plug-in „Level Up“ installiert. Bei „Level-Up“ handelt es sich um ein Gamification Plug-in. Nach erfolgreichem Absolvieren der verschiedenen Module im Lernraum erhalten die Studierenden Punkte und steigen ein Level auf. Eine Ranking-Liste bietet den Studierenden die Möglichkeit, ihre Leistungen mit anderen Kursteilnehmer:innen zu vergleichen. Die Listen sind dabei aus Datenschutzgründen anonymisiert.

E-Learning-Videos

In den Videos haben wir innovative und anwendungsfreundliche Datenbanken exemplarisch vorgestellt. Außerdem wurde darauf geachtet, dass die Datenbanken relevante Quellenbestände enthalten. Zusätzlich steht in jedem Modul aber noch eine PDF-Datei mit einer Auswahl weiterer Datenbanken zur Verfügung. Die zugrundeliegende Idee dabei ist, dass die Studierenden erst mit den in den Videos behandelten Datenbanken umzugehen lernen und durch die erworbenen Kenntnisse auch die zusätzlich in den PDFs vorgestellten Datenbanken eigenständig erschließen können. Die Inhalte sollen in einem ersten Schritt im Selbststudium erlernt werden. Im Proseminar werden sie ebenfalls aufgegriffen und unmittelbar angewendet. Die Inhalte können so in einem Mix aus Online- und Präsenzphasen erarbeitet werden.

Zeitstabile Videos im Zeichen der Fluktuation von Datenbanken

Wir haben bei den Videos eine zeitstabile Ausarbeitung angestrebt, sodass die Tutorials möglichst langfristig aktuell bleiben und nicht jedes Jahr überarbeitet werden müssen. Allerdings entstehen und verschwinden gleichzeitig viele Datenbanken, sodass zeitstabile Inhalte nicht immer garantiert werden können. In sechs Videos haben wir bisher acht Datenbanken vorgestellt, wovon die ersten Videos bereits vor zwei Jahren gedreht wurden. Der technische und inhaltliche Support einer dieser Datenbanken ist inzwischen eingestellt worden. Wer sich entscheidet, ein solches Projekt zu realisieren, muss sich also darüber bewusst sein, dass immer wieder Änderungen an den Inhalten vorgenommen werden müssen.

Zusammenarbeit mit dem CLS an der RWTH

Beim Projekt DiQuAG wurde eng mit dem bereits vorgestellten Center für Lehr- und Lernservices (CLS) zusammengearbeitet. Zu Beginn des Projektes wurde von unserer Seite die Möglichkeit einer Beratung wahrgenommen. In dieser Beratung wurde auf die wichtigsten Merkmale eines guten Lehrvideos hingewiesen. Lehrvideos sollten eine Länge von zehn bis 15 Minuten nicht überschreiten, da die Aufmerksamkeit der Zuschauenden danach abnimmt. Zusätzlich wird empfohlen, das Gesagte zu visualisieren. In unserem Fall erfolgte das entweder mit Bildschirmaufnahmen der Datenbanken oder mit PowerPoint-Folien. Die Videos wurden später im hauseigenen Filmstudio des CLS realisiert. So konnten wir auf bereits existierende Strukturen zurückgreifen und eine sehr gute Ton- und Bildqualität erzielen. Außerdem hat das CLS die gesamte technische Umsetzung übernommen. Dies beinhaltete die Aufbereitung und das Schneiden des Videomaterials. Ohne die Unterstützung des CLS hätten wir angesichts des hohen Zeitaufwandes und durch die Notwendigkeit der Beschaffung technischen Equipments die Videos nicht in so guter Qualität und Geschwindigkeit produzieren können.

Wichtige Elemente eines Lehrvideos
Maximallänge von 15 Minuten
Veranschaulichung des Gesagten durch PowerPoint-Folien und Bildschirmaufnahmen
Gute Ton- und Bildqualität (größerer Fokus sollte auf einer angenehmen Tonqualität liegen)

Abb. 6 (Quelle: eigene Darstellung)

E-Tests

Wir haben schlussendlich E-Tests zu den einzelnen Modulen eingerichtet. RWTHMoodle bietet verschiedene Testfragetypen an, darunter Multiple-Choice-Fragen, Zuordnungsfragen, numerische Fragen und Kurzantworten. Da die korrekte Antwort direkt in die E-Tests mit eingepflegt werden kann, müssen sie nicht von Dozierenden ausgewertet werden, stattdessen übernimmt das System die Bewertung automatisch. Multiple-Choice-Fragen können in relativ kurzer Zeit fehlerfrei erstellt werden, während sich Kurzantworten mit Freitext aufwändiger gestalten. Studierende können unterschiedliches Vokabular für die Beantwortung der Fragestellung nutzen, sodass verschiedenste Formulierungen bei der richtigen Antwort bedacht werden müssen. Eine möglichst fehlerfreie Freitextaufgabe kann nur durch „Trial-and-Error“ entstehen, also indem möglichst viele Personen die Aufgaben im Vorfeld testen. Auf die beispielhafte Frage, wer sich in einer Fußnote hinter der Abkürzung „Liv.“ verbirgt, antworten die einen „Livius“ und die anderen nennen den vollen Namen „Titus Livius“. Beim Einpflegen von automatisch auszuwertenden Antworten sollten also beide Optionen beachtet und eingetragen werden.

3. Digitale Quellen finden und kritisch auswerten

Digitale Recherchen und Auffindungsstrategien

Die Quellendatenbanken in der Alten Geschichte werden online entweder kostenpflichtig oder mit freiem Zugang (Open Access) zur Verfügung gestellt. Universitätsangehörige – auch Studierende – haben häufig die Möglichkeit, über Campuslizenzen oder mit Remote-Zugang kostenpflichtige Angebote vom heimischen PC zu nutzen. Dabei stehen zwei Arten von Nutzungsweisen im Mittelpunkt:

Auffinden – Lesen – Bearbeiten: Das Entdecken der Quellen

Zum einen – und diese Verwendung steht natürlich im Zentrum des Interesses der Studierenden – nutzt man die Datenbanken, um einen Quellenbeleg, den man bei der Lektüre als Zitat in der Forschungsliteratur gefunden hat, ausfindig zu machen, inhaltlich zu erschließen und ihn anschließend in einen Kontext zu stellen. Diese Verwendung der digitalen Quellendatenbanken steht auch in einer Lehrveranstaltung im Vordergrund. Eine digitale Herangehensweise ermöglicht es historisch Forschenden und insbesondere auch Studierenden, sich Quellen weniger suchend und vielmehr „entdeckend“ zu nähern.

Volltextsuche in Onlinedatenbanken

Zum anderen ist es durch elektronische Textcorpora möglich, fast die gesamte literarische Produktion der Antike sowie einen Großteil der edierten Inschriften, Papyri und Münzen zu durchforsten und vom eigenen PC orts- und zeitunabhängig zu bearbeiten. Viele Onlineressourcen können mit speziellen Suchmaschinen durchsucht werden. Vor allem im wissenschaftlichen Kontext werden die Datenbanken häufig zur Volltextsuche genutzt. So kann etwa herausgefunden werden, in welchem antiken Werk eine bestimmte Person (z. B. Perikles), ein Ort (z. B. Sparta) oder ein Begriff (z. B. Demokratia) thematisiert wird.

„Distant Reading“

Aufgrund unklarer Suchstrategien liefern solche Recherchen jedoch in der Regel eine große Menge an Material, das die Studierenden zunächst überfordert, nicht zuletzt auch aufgrund der Sprachanforderungen. Eine gewisse „Gefahr" der unzulässigen Eingrenzung entsteht dann, wenn nur nach isolierten Textstellen gesucht und nicht das Gesamtwerk in den Blick genommen wird. Mehr oder weniger kleine Abschnitte zu sammeln und diese kontextunabhängig zu betrachten, trägt jedoch kaum zu einer soliden und umfassenden Quelleninterpretation bei. Durch die Möglichkeit elektronischer Volltextsuche kommt es häufig zu einer Dekontextualisierung von Quellenstellen durch „Distant Reading", wobei nur einzelne Textzeilen eines Quellentextes genutzt werden.

Umgang mit Volltextsuchen in Quellendatenbanken

Hinzu kommt, dass eine zweckfreie Quellenlektüre heute vielerorts nicht mehr vorgesehen und auch aus zeitlichen Gründen nicht möglich ist. Gleichzeitig ist eine Bearbeitung der Quellen nur mit viel Sachkenntnis und Zeitaufwand verbunden. Gerade heutzutage ist zur Quellenrecherche deshalb eine klare Fragestellung nötig, um Ergebnisse erfolgversprechend zu filtern. Die Qualität und Aussagekraft von Suchergebnissen ist dabei von den gewählten Suchbegriffen abhängig, auch dies setzt ein hohes Maß an Sprach- und Sachkenntnis voraus.

Für zielgerichtete Recherchen benötigt man Kenntnisse des antiken Fachvokabulars und der in althistorischer Forschung verwendeten Kategorien. Inwieweit der zunehmende Einsatz dieser digitalen Werkzeuge in der Alten Geschichte mit methodischen Paradigmenwechseln in Verbindung steht, wird man in Zukunft mit großem Interesse weiter beobachten. Bislang werden häufig lediglich bewährte Herangehensweisen automatisiert. Digitale Datenbanken können aber viele wissenschaftliche Analyseprozesse, die vor allem quantitativ ausgerichtet sind, enorm erleichtern. Bei quantitativen Auswertungen der Texte müssen aber die spezifischen chronologischen und lokalen Schwerpunktbildungen der Überlieferung immer mitgedacht werden.

Die Digitale Medienkritik

Antike Quellen werden häufig über Fachportale oder wissenschaftliche Datenbanken bereitgestellt, für die Personen oder Institutionen verantwortlich sind, die die Quellen nach bestimmten Kriterien ausgewählt haben. Diese Auswahlprozesse werden aber nicht immer offengelegt. Nach Ansicht vieler Fachleute müssen für den Umgang und die Analyse digitaler Quellen auch technische Aspekte miteinbezogen werden, z. B. mit welchem Browser eine Webseite dargestellt wird. Eine digitale Medienkritik, die informationstechnische Prozesse berücksichtigt, um die Authentizität und Integrität von Quellen verlässlich prüfen zu können, ist daher unerlässlich. Entscheidend ist die Fähigkeit, die Internetquelle richtig einzuschätzen und die richtigen Fragen an sie zu stellen. Folgende Fragen stehen dabei im Mittelpunkt: Welche Algorithmen bestimmen die Reihenfolge der Suchergebnisse? Mit Blick auf die URL einer Website: Handelt es sich um eine persönliche Website? Wird die Website von einem kommerziellen Provider betrieben? Um welche Art von Domain handelt es sich? Wurde die Website von einer Institution herausgegeben, die im Zusammenhang mit dem Inhalt steht? Wer ist der/die Herausgeber:in? Wer hat die Website programmiert? Gibt es einen Grund, einer Website mehr zu vertrauen als einer anderen? Wird die Website aktuell gepflegt? Auf welche anderen Links verweist die Website? Woher hat der/die Herausgeber:in die Informationen? Werden die reproduzierten Quellen vollständig, unverändert und unverfälscht bereitgestellt? Wird die verwendete Originaledition angegeben?

Beim Umgang mit den digital bereitgestellten Quellenreferenzwerken ist es wichtig, den Studierenden den Aufbau der Datenbanken zu erläutern: Wie sind die Seiten gestaltet, wo werden verwendete Abkürzungen und Symbole aufgelöst und in welcher Weise kann man die Quelle nach Standardquelleneditionen und den großen Quellencorpora zitieren?

Ein ungelöstes methodisches Problem bleibt dabei bislang die Sicherstellung textkritischer Standards bei der Bereitstellung antiker Texte in der digitalen Welt. Aktuelle wissenschaftliche Textausgaben und Übersetzungen stehen aus lizenzrechtlichen Gründen oft nicht zur Verfügung. Abrufbar sind deshalb vor allem ältere publizierte englische Übersetzungen in digitaler Form, deren Duktus, Wortlaut und Interpretationen sehr veraltet sind und die aus diesem Grund dann gewissermaßen erst einmal in eine eigene moderne Sprech- und Denkweise „übersetzt“ werden müssen.

In konsequenter Weise sind dann auch die Quellen nach diesen veralteten Standardquellensammlungen zu zitieren. Auf die Schwierigkeit, Übersetzungen in digitaler Form zu finden und zu bearbeiten, muss eigens hingewiesen werden. Das Heranziehen von Übersetzungen spielt bei der sprachlichen Vorbildung vieler Studierender im Bereich der Geschichtswissenschaft heute eine entscheidende Rolle. In den Altertumswissenschaften ist die Beherrschung der Quellensprachen (Griechisch und Latein) zentral. Die Kompetenz, antike Inschriften, Texte oder Papyri im Original lesen und einordnen zu können, droht aber an vielen universitären Standorten zu verschwinden. Die großen altertumswissenschaftlichen Textcorpora, die in gedruckter Form bereitgestellt werden, kann nur eine Person verwenden, die die entsprechenden Quellensprachen beherrscht. Dieser Praxis wird durch die Nutzung digitaler Quellendatenbanken, die Übersetzungen bereitstellen, zumindest in gewissem Maße entgegengesteuert. Es müssen auf jeden Fall Wege und Strategien entwickelt werden, um auf die Fragestellung, wie man

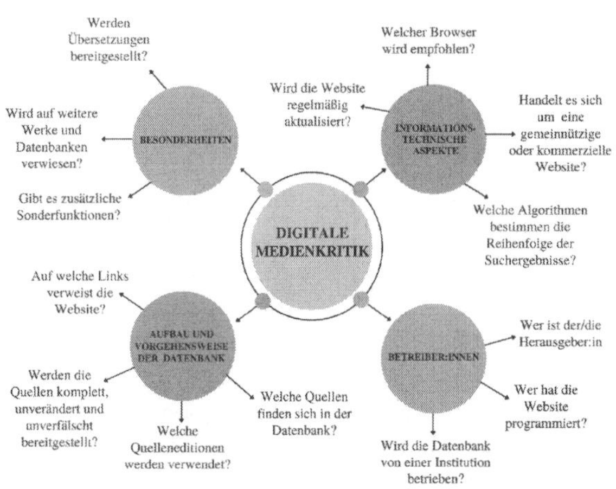

Abb. 7 (Quelle: eigene Darstellung)

mit diesen Datenbanken konkret arbeiten und auch Übersetzungen finden kann, in einem gemeinsamen Dialog mit den Studierenden zu reagieren.

Die Digitale Medienkritik am Beispiel der Perseus Digital Library

Die „digitale Wende“ erfordert mehr und vertiefte Kompetenzen der Medienkritik, um sachlich begründet mit Quellendatenbanken arbeiten zu können. Aus fachwissenschaftlicher Sicht stellt sich aber an eine klassische Quellenkritik der digital bereitgestellten Zeugnisse keine weitere besondere Anforderung, die nicht auch für die gedruckt vorliegenden Quelleneditionen zutreffend wäre. Bei einem gedruckten Quellencorpus muss z. B. auf die Bearbeiter:innen und das Erscheinungsjahr der Edition geachtet werden. Ebenso muss die Edition auf Fehler geprüft werden. Eine digitale Medienkritik gestaltet sich ähnlich. Wir nehmen im Folgenden eine beispielhafte Medienkritik mit Bezug auf die Onlinedatenbank Perseus Digital Library (PDL – http://www.perseus.tufts.edu/hopper/) vor.

Abb. 8: Logo der Perseus Digital Library (Quelle: http://www.perseus.tufts.edu/hopper/)

Betreiber:innen

Der erste Blick gilt den Betreiber:innen der Datenbank. Sind sie Privatpersonen oder eine Organisation? Wird die Seite regelmäßig gewartet oder ist dieser Service eingestellt worden?

Die Perseus Digital Library (PDL) ist an der Tufts University in Medford/Boston, USA, angesiedelt und steht unter der Leitung von Prof. Dr. Gregory Crane, einem renommierten Altphilologen und Informatiker. Heute kooperiert die PDL weltweit mit einer ganzen Reihe von Partner:innen. Das nicht-kommerzielle Projekt ist bereits seit 20 Jahren online präsent.

Zentral für das wissenschaftliche Arbeiten mit Quellendatenbanken ist, welche Quellen in der jeweiligen Onlinedatenbank zu finden sind. Während es sehr spezifische Datenbanken gibt, die sich beispielsweise nur mit literarischen Quellen zur Kirchengeschichte auseinandersetzen, existieren auch weitgefasste Datenbanken, die eine große Zahl literarischer Quellen in griechischer oder lateinischer Sprache enthalten.

Themenbezogene Datenbanken

Die PDL bietet den Zugang zu über 400 Volltexten aus der „klassischen" griechischen und lateinischen Literatur, die z.T. mit englischer Übersetzung vorgelegt werden. Aus diesem Grund kommt der Datenbank eine besondere Bedeutung zu. Die digitalen Editionen umfassen mittlerweile mehr als 70 Prozent der Texte aus griechischer Zeit sowie mehr als 50 Prozent der klassischen antiken lateinischen Texte. Im Vergleich mit anderen digitalen Textsammlungsprojekten ist die PDL damit eine außerordentlich breite und nahezu „vollständige" Sammlung, die digital zur Verfügung steht.

Quelleneditionen

Die von der Onlinedatenbank bereitgestellten Editionen müssen aber näher beleuchtet werden. Dabei gilt es zu evaluieren, ob die Literatur veraltet oder fehlerbelastet ist.

Die Textausgaben und Übersetzungen, die in der PDL zugrunde gelegt werden, sind „out of copyright"-Editionen, die aufgrund ihres Alters nicht mehr urheberrechtlich geschützt sind und beziehen sich u.a. auf Sammlungen wie die Loeb Classical Library (https://www.loebclassics.com/). Während bestimmte Textausgaben antiker Autor:innen seit dem späten 19. Jahrhundert gründlich korrigiert und intensiv philologisch erforscht wurden, sind andere seitdem praktisch nicht mehr neu bearbeitet worden. Ob die angegebenen und in der PDL verwendeten Textausgaben in einer wissenschaftlichen Hausarbeit für zitierfähig zu erachten sind, muss demnach im Einzelfall entschieden werden. Sie werden aber in jedem Fall unter der entsprechenden Textstelle in der PDL angegeben.

Der Umfang des unter dem Eintrag „Collections/Texts" verfügbaren Materials wächst ständig. Dennoch stehen die Texte einiger antiker Autor:innen entweder nur in der Originalsprache (z. B. Valerius Maximus) oder nur teilweise

(z. B. Diodor) zur Verfügung oder sie sind noch überhaupt nicht aufgenommen worden. Wenn eine benötigte literarische Quelle in der PDL nicht bereitgestellt ist, kann aber eine Suche in weiteren Onlinedatenbanken bzw. anderen Online-Ressourcen gestartet werden. Für diese Suche steht der „Perseus Catalog" zur Verfügung.

Übersetzungen

Neben den originalsprachigen Quelleneditionen müssen auch die Übersetzungen kritisch betrachtet werden. Einige Datenbanken liefern keine Übersetzungen. Wenn aber Übersetzungen vorhanden sind, muss auch hier auf Alter, Autor:in und Korrektheit der Editionen geachtet werden.

Die PDL ist nicht nur eine Sammlung von elektronisch aufbereitetem Quellenmaterial. Sofern die Übersetzung einer Quelle nicht in der PDL selbst implementiert ist, finden sich vielfach Hinweise auf englische Übersetzungen und Verweise auf weitere Datenbanken.

Quellenkritischer Apparat und Handhabbarkeit

Neben dem Quellentext und seiner Übersetzung muss bei den Datenbanken auch auf den quellenkritischen Apparat geachtet werden. Liefert die Seite Hinweise auf weiterführende Literatur, Lexika oder dergleichen? Je mehr Funktionen eine Datenbank aufweist, desto komplexer wird sie. Das ist besonders für Lehrende relevant. Je nach Komplexität muss die Lehrperson nämlich entscheiden, welche Funktionen vorgestellt werden sollen und welche zu einem späteren Zeitpunkt vertieft werden können, um den Einstieg für die Studierenden so einfach wie möglich zu gestalten.

Generell ist die PDL vergleichsweise leicht zu bedienen. Der Umgang mit ihrer Webstruktur erschließt sich nach einer kurzen Einarbeitungszeit.

Was Perseus allerdings besonders auszeichnet, ist das komplexe „Word-Processing-System", in welches die Datenbank eingebettet ist. Hier bedarf es einer längeren Auseinandersetzung mit dem Werkzeug. Für Erstsemester könnte dieses Tool zu Beginn noch überfordernd sein. Zu seinen besonderen Features gehören die auf Hypertext basierende Wortübersetzung, die grammatikalisch-lexikalische Analyse sowie umfassende Konkordanz-Tools. Auf diese Weise stellt die PDL nützliche Hilfsmittel zur Verfügung, so z.B. eine elektronische

Ausgabe des als Standardwerk etablierten altgriechisch-englischen Lexikons Liddell-Scott-Jones (LSJ) oder verschiedene Karten und Pläne. Zahlreiche Hilfsmittel wie Wörterbücher und Instrumente zur Syntax- und Formenanalyse können genutzt werden, deren Bedeutung muss aber erklärt und bestenfalls mit konkreten Arbeitsaufträgen eingeübt werden. In der PDL finden sich außerdem ein „Arts and Archaeology Artifact Browser" als Unterabteilung der „Greek and Roman Materials" mit einer Auswahl an Bildmaterial und einschlägiger Dokumentation zu materiellen Sachquellen wie etwa Plastiken, Vasen, Münzen oder Gemmen. Die Abbildungen können in der Regel nach den Prinzipien des „Fair Use" für private und wissenschaftliche Zwecke gemeinfrei genutzt werden.

Im „Searchtool" der PDL erhält man nach einer allgemeinen Schlagwortsuche in den Trefferlisten nicht nur Hinweise auf antike Autor:innen. Bei Eingabe des Stichworts „Cornelia" z.B. erhält man 77 Treffer, die sich aber beim genaueren Hinsehen nicht alle auf Cornelia, Mutter der Gracchen, und sich darüber hinaus nicht nur auf antike Quellen beziehen, sondern zusätzlich auf andere römische Personen mit dem Namen Cornelia, auf das römische Geschlecht „Cornelia" und auch auf die Erwähnung der gens Cornelia im Werk „Titus Andronicus" von William Shakespeare.

Des Weiteren besteht auch die Option, auf der Ebene der antiken Texte Schlagwortsuchen durchzuführen, um Inhalte, die in den jeweiligen antiken Texten erwähnt werden, aufzufinden. Es ist auch möglich, Textstellen antiker Autor:innen anhand von standardisierten Zitatabkürzungen (z. B. Thuc. 1.24) aufzufinden.

Zitation

Zuletzt muss auf die Zitation geachtet werden. Viele Datenbanken schlagen eine solche bereits vor, doch muss diese unbedingt auf Korrektheit geprüft werden.

Der griechische Text der Tragödie „Die Perser" des Aischylos wird in der PDL z.B. nach der folgenden Textausgabe zitiert:

Aeschylus. Aeschylus, with an English translation by Herbert Weir Smyth, Ph. D. in two volumes. 1.Persians. Cambridge.

Cambridge, Mass., Harvard University Press; London, William Heinemann, Ltd. 1926.

Die englische Übersetzung ist der gleichen Edition entnommen.

In einer wissenschaftlichen Seminararbeit kann nun überlegt werden, ob in einem die Untersuchung abschließenden Quellenverzeichnis folgender Eintrag verwendet werden soll, wenn man die „Perser" des Aischylos in einer Hausarbeit diskutiert hat:

Aeschylos, Aeschylus, with an English translation by Herbert Weir Smyth, 1. Persians. Cambridge Mass. 1926.

Im Idealfall sind aber die im Zentrum stehenden Stellenangaben der antiken Autor:innen in einer wissenschaftlichen Bibliothek oder in digitalen eingescannten Versionen der Editionen zu prüfen.

4. Praktisches Anwendungsbeispiel: Cornelia, Mutter der Gracchen

Wir wollen den Umgang mit den unterschiedlichen Quellendatenbanken im Folgenden nicht nur allgemein thematisieren, sondern auch anhand eines Themas und einer Fragestellung illustrieren. Das wissenschaftliche Arbeiten in der Alten Geschichte ist bei der Themenfindung von einer Verortung in Zeit und Raum geprägt. Mit der Cornelia nehmen wir eine Frau in den Blick, die zur römischen Oberschicht gehörte und in das 2. Jh. v. Chr. datiert wird. Die Vorzüge der Datenbanken sollen anhand dieses Beispiels verdeutlicht werden. Die Arbeit an praktischen Beispielen erleichtert den Studierenden den Zugang zu diesen Datenbanken, sodass die folgenden Ausführungen durchaus als didaktischer Leitfaden angesehen werden können. Wir empfehlen dem/der Leser:in, die Datenbanken während der Lektüre oder direkt anschließend an ein Kapitel selbst noch einmal durchzuarbeiten, damit die hier vorgetragenen Ausführungen auch konkret nachvollzogen werden können. Für die Thematik ist nicht jede Quellengattung gleichberechtigt wichtig. So lassen sich keine numismatischen und papyrologischen Quellen ausfindig machen, die unmittelbar für das Thema „Cornelia" relevant sind. Im Rahmen der Erörterung der digitalen numismatischen und papyrologischen Quellen wurden deshalb zwei separate Einzelbeispiele ausgewählt, die aber auch in Auseinandersetzung mit der historischen Person Cornelia von Interesse sind.

Cornelia war die Tochter eines bedeutenden Römers namens Publius Cornelius Scipio Africanus, der als römischer Feldherr den Sieg über die Karthager unter ihrem Feldherren Hannibal errungen hatte. Verheiratet war Cornelia mit Tiberius Sempronius Gracchus, der zweimal Consul war (177 und 163 v. Chr.) und mit dem sie insgesamt zwölf Kinder hatte, von denen aber nur drei das Erwachsenenalter erreichten: Sempronia, die Tochter, die Publius Cornelius Scipio Aemilianus heiratete, und die Söhne Tiberius und Gaius, die beide während ihres Volkstribunats in bürgerkriegsähnlichen Auseinandersetzungen getötet wurden, als sie versuchten, die schwerwiegenden inneren Probleme in Rom auf neuartige Weise zu lösen. Hier rückt Cornelia als mater Gracchorum, Mutter der Gracchen, in den Blick, deren generelle Einstellung und deren Einfluss auf das Schicksal ihrer Söhne aber in einer aktuellen Forschungsdebatte ganz unterschiedlich bewertet werden. Vor allem wird diskutiert, ob Cornelia sogar selbständig politisch aktiv werden konnte, was man einer römischen Frau ansonsten nicht zugestand.

Um einen thematischen Einstieg und erste Quellenhinweise zu finden, eignet sich der „Neue Pauly", ein Standard-Lexikon der Alten Geschichte. Dieses ist ebenfalls in vielen Universitätsnetzen online verfügbar, sodass eine Recherche zur Cornelia ebenfalls orts- und zeitungebunden begonnen werden kann, wenn man über die entsprechenden Lizenzen verfügt (https://referenceworks.brillonline.com/browse/der-neue-pauly). Wir zitieren im Folgenden den Cornelia-Artikel im „Neuen Pauly" von Helena Stegmann auszugsweise. Dabei wurde allein aus Platzgründen auf die Forschungsliteraturangaben verzichtet. Anhand der Quellenangaben im Lexikon-Artikel möchten wir sodann auf die verschiedenen Quellengattungen und ihre digitalen Datenbanken hinweisen.

DNP-Artikel zu „Cornelia – Mutter der Gracchen"

„Bekannt ist C. als ‚Mutter der Gracchen' (CIL VI 31610), mit deren Politik sie schon in der Ant. in Verbindung gebracht wurde [...]. Die Quellen vermitteln in teils popularer, teils optimatischer Tradition ein uneinheitliches Bild von Einstellung und Einfluß C.s. sie habe die Vorhaben gutgeheißen, unterstützt, ja forciert (Plut. Tib. 8,4; Plut. Gaius 4,1–3; 13,2; Diod. 34,25,2), andererseits ist von mäßigendem Einfluß, sogar von deutlicher, einen offenen Bruch jedoch vermeidender Ablehnung zumindest einzelner polit. Vorhaben des jüngeren Gracchus die Rede (Plut. Gaius 13,2). Letzteres zeigt sich in den bei Nepos überlieferten Brieffragmenten C.s, deren Echtheit jedoch mit Recht angezweifelt wird [...].

Fast allg. sehen die ant. Zeugnisse C. als röm. Matrone mit vorbildlicher Lebensführung [...], was wohl auf ihren Sohn Gaius zurückgeht [...] und noch in kaiserzeitlichen Quellen (Tac. dial. 28, 1–3; Val. Max. 4,4;) erkennbar ist: C. widmete sich ganz der Erziehung ihrer Söhne, deren Tod sie später mit äußerster Selbstbeherrschung ertrug (Plut. Gaius 19,1–3; Sen. Consolatio ad Helviam 16,6; ad Marciam 16,3); nach dem Tod ihres Gatten im J. 153 blieb sie „sittsam" und unvermählt, angeblich lehnte sie „sogar" einen Antrag des Ptolemaios VIII. Euergetes II. ab (Plut. Tib. 1,7). C. war hochgebildet (Cic. Brut. 211; Quint. inst. 1,1,6; Plut. Gaius 13,1), kunstinteressiert und kontaktfreudig (Plut. Gaius 19,1–3) und führte anscheinend – jedenfalls nach ihrem Umzug nach Misenum – ein sehr selbständiges Leben innerhalb der geltenden Grenzen. Wohl noch in republikanischer Zeit errichtete man ihr eine Ehrenstatue mit Inschrift."

Der Neue Pauly (DNP) liefert natürlich nicht alle, sondern nur die wichtigsten antiken Quellen, die zur Cornelia vorliegen. Dabei findet man vor allem Hinweise auf literarische Quellenbelege, die sich auf ganz unterschiedliche Gattungen beziehen: Auf die Viten des Tiberius und des Gaius Gracchus von Plutarch, ein Geschichtswerk Diodors, ein Dialog von Tacitus sowie Werke unterschiedlicher Art von Valerius Maximus, Seneca, Cicero und Quintilian. Obwohl Cornelia eine der berühmtesten römischen Frauen ist, muss man demnach auch zentrale griechischsprachige Quellen heranziehen, die uns über sie informieren. Daneben wird eine Ehrenstatue mit einer Inschrift, also auch eine epigraphische und archäologische Quelle erwähnt, ohne dass hierfür eine Quellenangabe präsentiert wird. Ein näherer Blick auf die erwähnten Quellenangaben im Artikel des Neuen Pauly liefert dann aber doch den Quellenbeleg für die Inschrift (CIL VI, 31610), der aus einem epigraphischen Quellencorpus (Corpus Inscriptionum Latinarum) stammt. Das im 19. Jahrhundert entstandene Corpus Inscriptionum Latinarum ist die umfangreichste Zusammenstellung antiker lateinischer Inschriften und wird von der Berlin-Brandenburgischen Akademie der Wissenschaften herausgegeben.

Jetzt stellt sich die Frage, wie die genannten Quellen im Original oder in Übersetzung in Datenbanken gefunden werden können. An dieser Stelle eröffnen sich zwei Möglichkeiten:

Man kann (bei literarischen Quellen) gezielt nach der jeweiligen Textstelle in den Onlinedatenbanken suchen. Man orientiert sich also an der Forschungsliteratur (hier haben wir mit dem DNP-Artikel über Cornelia ein gutes Beispiel vor uns), in der auf die antike Quellensituation eingegangen wird und sammelt die Standardzitate, die sich auf die zentralen gedruckt vorliegenden Textausgaben und Quelleneditionen beziehen.

Die andere Methode, die genutzt werden kann, ist die Suche nach einschlägigen Begriffen mit einfachen und komplexen Suchfunktionen. Häufig können Quellensammlungen mit Stichwörtern durchsucht werden und auf diese Weise Quellenbelege gefunden werden. Diese müssen aber kontextualisiert werden.

5. Cornelia, Mutter der Gracchen in literarischen Quellen

Perseus Digital Library

Zunächst wollen wir uns den literarischen Quellen zuwenden. Wir arbeiten als erstes mit der Perseus Digital Library, die bereits in der Auseinandersetzung mit der digitalen Medienkritik vorgestellt wurde. Die Datenbank bietet die Möglichkeit, entweder nach gezielten Quellenstellen oder nach Schlagworten zu suchen, beides kann über die Suchleiste erfolgen. Einige der im DNP-Artikel zu Cornelia zitierten Quellenstellen (z. B. Plut. Tib. 1,7. Plut. Tib. 8,4. Plut. Gaius 4,1–3; 13,1–2; Plut. Gaius 13,2. Plut. Gaius 19,1–3; Tac. dial. 28,1–3. Quint. inst. 1,1,6) sind bei Perseus im griechischen oder lateinischen Original und auch in einer englischen Übersetzung zu finden. Die Quellenstelle Ciceros (Cic. Brut. 211) findet sich ausschließlich im lateinischen Original und auch der Quellenbeleg von Valerius Maximus (Val. Max. 4,4) ist noch mit keiner englischen Übersetzung in die Perseus-Datenbank integriert. Gleiches gilt für den Hinweis auf Schriften des Seneca (Sen. Consolatio ad Helviam 16,6; ad Marciam 16,3). Die späteren Bücher aus dem Geschichtswerk des in griechischer Sprache schreibenden Diodor (z.B. Diod. 34,25,2) sind ebenfalls noch nicht in der PDL aufgenommen.

Die gezielte Suche nach Quellenstellen ist relativ selbsterklärend und muss nicht tiefergehend erläutert werden. Sofern die korrekte Abkürzung der Quelle bekannt ist, kann diese in der Suchleiste eingegeben werden, und Perseus öffnet automatisch den gesuchten Quellenabschnitt.

Interessant ist daneben aber vor allem die Suche nach Schlagworten. Wenn man im Searchtool der Perseus Digital Library „Cornelia“ eingibt, erhält man 77 Treffer. Die Datenbank durchsucht sämtliche hinterlegte Datensätze nach dem eingegebenen Stichwort Cornelia. So kann ein großer Quellencorpus stichwortartig in kürzester Zeit gesichtet werden.

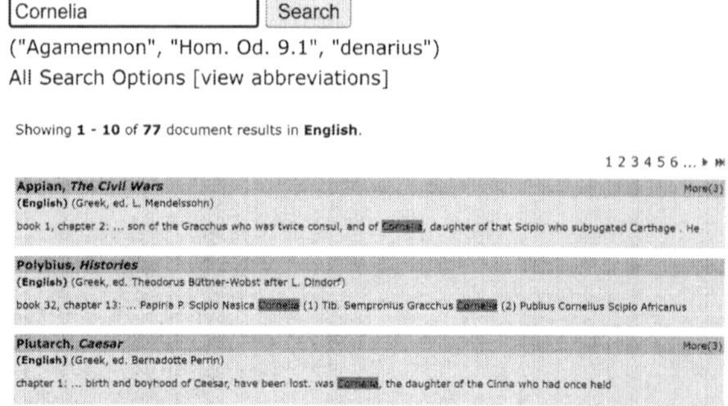

Abb. 9: Suchfunktion der PDL (Quelle: http://www.perseus.tufts.edu/hopper/searchresults?q=Cornelia)

Bei genauerem Hinsehen fällt aber auf, dass sich nicht alle Einträge auf Cornelia, Mutter der Gracchen, sondern auch auf andere römische Personen mit dem Namen Cornelia oder auf die römische gens „Cornelia“ beziehen. Die relevanten Quellen müssen also selektiert werden.

Es werden einerseits Suchergebnisse angezeigt, die auch im DNP-Artikel erhalten sind, z.B. Tacitus und Quintilian. Daneben finden sich aber auch Quellen, die dort nicht aufgeführt sind, wie zum Beispiel Quellenbelege aus unterschiedlichen philosophischen und kulturhistorisch relevanten Schriften Plutarchs, die unter dem Titel „moralia“ zusammengefasst werden. Perseus bietet also eine weiterreichende Quellenrecherchemöglichkeit über die ersten Quellenhinweise im Neuen Pauly hinaus.

Wie bereits erwähnt, gibt es auch Textstellen, die bei Perseus nicht verfügbar sind, beispielsweise Diod. 34,25,2. Hier hilft aber z. B. die Datenbank ToposText (https://topostext.org/) unter dem Reiter „Ancient Texts“ oder „Search-tools“ weiter, in der man auch die entsprechenden Werke bestimmter antiker Autoren wie Diodor mit einer englischen Übersetzung findet.

Abb. 10: Logo von ToposText (Quelle: https://topostext.org/)

ToposText

Während Perseus die Möglichkeit bietet, eine exakte Passage aus einer Quelle anzuzeigen, muss eine solche in der Datenbank von ToposText selbst herausgesucht werden. Die Texte werden im Fließtext mit Buch und Kapitelangabe der Quelle ohne Filtermöglichkeiten präsentiert, ähnlich wie in gedruckten Editionen. Für die griechischen Originaltexte leitet ToposText auf verlinkte Datenbanken wie Perseus und Attalus (http://attalus.org/) weiter. Ähnlich wie bei Perseus sind die genutzten Editionen relativ alt, so werden bei beiden Datenbanken häufig ältere Ausgaben der Loeb Classical Library verwendet.

Während ToposText aufgrund seiner besonderen Ausrichtung auf antike Orte und deren Darstellung in einer interaktiven Karte die antiken Texte zur Verfügung stellt, hat Perseus einige weitere nützliche Funktionen. In der Originalsprache der Quelle kann für jedes Wort eine Übersetzungsmöglichkeit angezeigt werden. Außerdem zeigen Statistiken, welche grammatikalische Übersetzung am wahrscheinlichsten ist. Perseus gibt also auch konkrete philologische Hilfestellungen.

Nicht nur die gesamte Datenbank, sondern auch eine spezifische Quelle kann bei Perseus nach Stichworten durchsucht werden. Wenn also recherchiert werden soll, ob sich Autor:innen mit einem bestimmten Thema befasst haben, kann die Quelle mittels einer Stichwortsuche darauf geprüft werden. Dementsprechend kann Perseus im Unterschied zu anderen Datenbanken auch zur themenspezifischen Quellenrecherche verwendet werden.

Die Handhabung von Perseus und ToposText im Vergleich

Beim Vergleich zwischen Perseus und ToposText fällt zunächst auf, dass ToposText sehr selbsterklärend und einfach in der Handhabung ist. Die Bedienung von Perseus erfordert dagegen eine umfangreichere Einarbeitung, um die entsprechenden Funktionen vollumfänglich und effektiv nutzen zu können. Es sei erwähnt, dass die Nutzung vieler anderer Datenbanken vom Anspruch her zwischen der Benutzerfreundlichkeit von

ToposText und der Komplexität von Perseus liegt. Die Komplexität von Perseus ist in diesem Kontext jedoch keineswegs als Nachteil zu verstehen. Bei einmal erfolgter Einarbeitung bietet die Plattform deutlich mehr Möglichkeiten als die „easy-to-handle"-Datenbanken. Die bei ToposText hinterlegten Quellen sind vergleichbar mit gedruckten Quelleneditionen: Man scrollt auf die gleiche Weise durch die Datenbank, wie man auch durch eine Printausgabe blättert. Perseus bietet durch die vielfältigen Recherchefunktionen weit mehr. Die Stichwortsuche, sowohl in der gesamten Datenbank als auch bei einzelnen Quellen sorgt dafür, dass präzise und themenspezifisch gearbeitet werden kann und – im Idealfall – gleich mehrere für das Bearbeitungsthema relevante Quellen in nur einem Suchvorgang identifiziert werden können. Dementsprechend beschränkt sich Perseus im Unterschied zu ToposText und anderen Datenbanken nicht auf die Bereitstellung von Quellen in digitaler Form, die ggf. noch mit einer einfachen Suchfunktion versehen ist. Vielmehr findet durch die vielfältigen Funktionsweisen eine vollkommen veränderte Recherchearbeit statt. Aus diesem Grund lohnt es sich, Studierende im Rahmen propädeutischer Lehrformate dezidiert im Umgang mit komplexen digitalen Quellendatenbanken wie Perseus zu schulen. Bei erfolgreicher Aneignung der Nutzungsweisen wird die Recherchearbeit letztlich sogar vereinfacht.

Probleme literarischer Datenbanken in der Aktualität der Quelleneditionen

Ein eklatanter Nachteil liegt bei allen digitalen Quellendatenbaken in der fehlenden Aktualität der zur Verfügung gestellten Quelleneditionen. Bis auf wenige Ausnahmen wird den Datenbanken die Bereitstellung der neuesten Auflagen aus urheberrechtlichen Gründen untersagt. Erst nach einer gewissen Verjährungszeit können die jeweiligen Editionen aktualisiert werden – und sind dann meist auch schon wieder veraltet. Solange diese Situation anhält, ist man also gezwungen, nach der Arbeit mit Perseus (oder anderen Datenbanken) aktuelle Quellenedition einem prüfenden Blick zu unterziehen. Dass sich die Arbeit mit Datenbanken und insbesondere Perseus in erster Instanz dennoch lohnt, ist alleine durch den schnellen Zugriff und natürlich allem voran durch die umfangreichen Recherchemöglichkeiten zu begründen – die prüfende Sichtung der aktuellen Printausgabe stellt einen vergleichsweise kleinen weiteren Arbeitsschritt dar. Dagegen bleibt die zeit- und teils auch kostenaufwändige „physische“ Recherche nahezu gänzlich erspart. Darüber hinaus schult die zurzeit noch erzwungene „hybride“ Herangehensweise das Bewusstsein für verschiedene Ausgaben und Editionen – weshalb die Vermittlung des Umgangs mit Datenbanken unbedingt zur Sensibilisierung bei den Studierenden beitragen muss.

Fassen wir einmal zusammen: Viele der Quellenzitate aus dem Cornelia-Artikel im DNP sind in der Perseus Digital Library zu finden, darunter aber einige nur im lateinischen Original. Einige relevante Quellen wie Plinius d. Ä., Naturalis historia 7,69 zur Geburtslegende der Cornelia, Livius 38,57,2–8 zur Verlobung der Cornelia mit dem älteren Tiberius Sempronius Gracchus oder Cicero, De inventione 1,91 mit einer merkwürdigen Geschichte, die mit dem Tod des Gatten der Cornelia in Verbindung gebracht wird, werden aus unterschiedlichen Gründen im DNP-Artikel nicht erwähnt. Durch die Stichwortsuche der Perseus Digital Library können diese Quellen aber auch gefunden und bearbeitet werden.

6. Cornelia, Mutter der Gracchen in Quellenfragmenten

Kommen wir hier noch einmal auf den DNP-Artikel zu Cornelia zurück. Dort wird auf die bei dem antiken Autor Cornelius Nepos überlieferten Brieffragmente Cornelias (Nep. Frag. 59) hingewiesen, deren Echtheit jedoch angezweifelt wird. Fragmente sind für antike Autor:innen überliefert, von denen kein zusammenhängendes Werk oder keine vollständige Schrift erhalten ist. Aus der Zusammenstellung von Zitaten, Paraphrasen, Kommentaren und anderen Erwähnungen bei späteren Autor:innen kann der Versuch unternommen werden, einen verlorenen Werkzusammenhang wiederherzustellen. Ch. Schubert hat vor kurzem auf die Bedeutung dieser fragmentarischen Überlieferung hingewiesen: Nach modernen Berechnungen sind ca. 59 Prozent der Schriften antiker Autor:innen nur fragmentarisch erhalten, 12 Prozent dieser Autor:innen sind nur durch ihre erhaltenen Werke und Fragmente und lediglich 29 Prozent aus vollständig erhaltenen Texten bekannt (Schubert 2020: 81).

So besehen taucht auch Cornelia als Autorin auf, von der uns Brieffragmente erhalten sein sollen. Cornelia wendet sich hier angeblich scharf gegen das Vorhaben ihres jüngeren Sohnes Gaius, sich nach dem Tod des älteren Bruders Tiberius für das Volkstribunat zu bewerben. Diese Kritik passt nicht zu dem sonstigen Bild, das von Cornelia gezeichnet wird, die sich nach Aussage anderer Quellen immer loyal gegenüber ihren Söhnen verhalten habe. Wenn die überlieferten Brieffragmente authentisch wären, würde es sich um die einzigen erhaltenen Prosazeugnisse einer römischen Frau aus der Zeit der Republik handeln und eine außergewöhnliche Quelle repräsentieren.

Insgesamt fällt es schwer, die Textpassagen der Cornelia-Briefe und ihre Übersetzung in den gängigen Quellendatenbanken zu finden. Texte und Übersetzungen des Briefes kann man über eine Google-Suche (z. B. bei gottwein.de – https://gottwein.de/) erhalten, allerdings fehlen hier oft wichtige Hinweise zu Herausgeber:in oder Übersetzer:in der vorliegenden Quellenversion.

Fragmente der griechischen Historiker – FgrHist und Brills New Jacoby

Das gängige Quellenzitat lautet Nep. Frag, 59 Marshall und bezieht sich auf folgende Textausgabe: Cornelius Nepos: Vitae cum fragmentis (Bibliotheca scriptorum Graecorum et Romanorum Teubneriana) in der Teubner-Edition von Peter K. Marshall (publiziert 1991). Das Fragment findet sich nicht in einer der gängigen Datenbanken, das Buch herausgegeben von Marshall liegt aber als Digitalisat bei DeGruyter (https://www.degruyter.com/) vor, allerdings nur in der Originalsprache ohne Übersetzung. Diese findet sich bei Gottwein (https://www.gottwein.de/Lat/nepos/frg01.php – deutsche Übersetzung) oder bei attalus.org (http://attalus.org/translate/nepos_fr.html – englische Übersetzung).

Gerade bei solchen privat betriebenen Datenbanken muss die digitale Medienkritik angewendet werden. Bei Verbundsdatenbanken und Datenbanken in öffentlicher Trägerschaft ist es natürlich häufig einfacher, einen Überblick über die genutzten Quelleneditionen, Informationen zu Editor:in selbst und seinem/ihrem Hintergrund und weiteren wichtigen Punkten der bereits vorgestellten Quellenkritik zu erhalten. Deshalb ist es wichtig, Studierenden zunächst den Umgang mit diesen Datenbanken zu vermitteln, allerdings finden sich nicht alle Quellen in den gängigsten Datenbanken, wie auch in diesem Fall.

Allgemein stehen bislang nicht alle antiken Fragmentsammlungen in digitaler Form zur Verfügung. Viele relevante Fragmente griechischer antiker Geschichtsschreiber sind in der gedruckt vorliegenden Edition „Fragmente der griechischen Historiker“ (FGrHist) gesammelt. Diese Fragmentsammlung wurde von Felix Jacoby begründet, der die ersten drei Teile in 15 Bänden veröffentlichte, die aber keine Übersetzungen beinhalten. Eine internationale Forscher:innengruppe arbeitet an der Fortsetzung der Bände (Die Fragmente der griechischen Historiker. Continued), die nun Übersetzungen und kurze Kommentare bereitstellen. Diese Fragmentsammlungen (sowohl „Fragmente der griechischen Historiker" als auch „Die Fragmente der griechischen Historiker. Continued") wurden neben den gedruckten Editionen unter dem Titel Brill's New Jacoby (https://scholarlyeditions.brill.com/bnjo/) in einer Onlinedatenbank aufbereitet. Diese Datenbank liefert also die Sorgfalt, die bei gedruckten Editionen zum Tragen kommt, aber eben auch die Vorteile, die Onlinedatenbanken bereitstellen. Mithilfe des Suchtools können alle Bände gleichzeitig nach Stichworten durchsucht werden. Zum jeweiligen antiken Autor werden dann sämtliche Fragmente aus allen Editionsreihen der FGrHist, sofern bereits vorhanden mit Kommentaren und Übersetzungen, aufgelistet. Vergleichend kann ein Fragment, sofern es bereits in mehreren Editionsreihen der FGrHist erschienen ist, parallel angezeigt werden, ebenso wie die Übersetzung und der Text in seiner Originalsprache.

7. Cornelia, Mutter der Gracchen in epigraphischen Quellen

Datenbanken auf Basis bereits publizierter Corpora

Zu epigraphischen Quellen existieren eine Vielzahl von Datenbanken, die auch zum Teil in übergreifenden Portalen zusammengefasst sind. Viele Datenbanken beziehen sich auf die bereits bestehenden publizierten Corpora oder auf systematisierende Forschungsliteratur, wie beispielsweise die Datenbank der Inscriptiones Graecae (IG – http://telota.bbaw.de/ig/).Die Inscriptiones Graecae sind die bedeutendste Sammlung griechischer Inschriften, die seit dem 19. Jahrhundert besteht und wie das CIL von der Berlin-Brandenburgischen Akademie der Wissenschaften herausgegeben wird. Daneben existiert eine Reihe von Universitäts- und Museumsprojekten, die inzwischen oftmals in Netzwerk-Datenbanken zusammengeschlossen sind, sodass nicht jede einzelne Datenbank durchsucht werden muss.

Im DNP-Artikel zur Cornelia wird auch eine Inschrift zitiert. Wie bereits erwähnt ist diese im Corpus Inscriptionum Latinarum (https://cil.bbaw.de/) publiziert (*CIL* im Band VI unter der Nummer 31610). Das CIL ist eine seit dem 19. Jhd. bestehende maßgebliche Sammlung antiker griechischer Inschriften, herausgegeben von der Berlin-Brandenburgischen Akademie der Wissenschaften.

Ein Großteil der digitalisierten Bände ist auf der Website des Corpus Inscriptionum Latinarum verlinkt. Die Links leiten auf die Datenbank Arachne (https://arachne.dainst.org/) weiter, welche im Kontext der archäologischen Datenbanken noch näher vorgestellt wird. In diesem Fall handelt es sich aber um reine Digitalisate. Diese können durchgeblättert, aber nicht nach einer Quelle gezielt durchsucht werden. Um den richtigen Band zu finden, muss gesondert recherchiert werden, da die Publikationen auf der Seite des CIL bibliographisch nach Erscheinungsjahr aufgelistet, aber keine weiteren Filterungsmöglichkeiten bei der Suche nach einer bestimmten Inschrift verfügbar sind. Dementsprechend müssen die Bände einzeln nach der Inschrift durchsucht werden. Unsere gesuchte Inschrift findet sich in folgendem Werk:

Hülsen, Christian (Hg.), Corpus Inscriptionum Latinarum VI. Pars IV, Fasc. II: Additamenta, Berlin 1902.

Bei der Betrachtung der großen epigraphischen Textdatenbanken fällt auf, dass die Volltextsuchen vergleichsweise rudimentär ausgestaltet sind.

Vergleichsweise rudimentärer Aufbau epigraphischer Datenbanken

Die Suche nach speziellen Quellenangaben gestaltet sich deshalb schwierig. Als Findmittel sind sie aber ausdrücklich zu empfehlen. Einerseits können so Inschriften zu bestimmten Themen gefunden werden. Es werden Hinweise zu den gedruckten und zu zitierenden Quelleneditionen gegeben und teilweise – abhängig von der jeweiligen Datenbank – liefern sie genauso viele oder sogar mehr Informationen zur Inschrift wie die gedruckten Inschriftencorpora. Während in gedruckten Editionen auch die Kommentare häufig auf Latein verfasst sind und keine Übersetzungen der Inschriften präsentiert werden, sind in einigen Datenbanken Übersetzungen auf Englisch verfasst worden. Der auf das wesentliche konzentrierte Aufbau der Datenbanken kann zunächst abschreckend wirken, ist aber bei näherem Hinsehen besonders nutzer:innenfreundlich.

Mit der Epigraphischen Datenbank Clauss-Slaby (EDCS), dem EAGLE-Verbund sowie den Searchable Greek Inscriptions des PHI (https://inscriptions.packhum.org/) ist die lateinische Epigraphik fast vollständig und die griechische Epigraphik zu einem überwiegenden Teil abgedeckt.

Die Cornelia in epigraphischen Datenbanken

Eine große und vor allem frei zugängliche Volltextdatenbank für epigraphische lateinische Quellen ist die Epigraphik-Datenbank Clauss-Slaby (EDCS – http://www.manfredclauss.de/), ein Projekt, das von dem Althistoriker Manfred Clauss begründet wurde. Wenn man z. B. in der EDCS als Suchwort „Cornelia“ und „Gracchorum“ eingibt, dann findet man den Text der Inschrift, Angaben zur Datierung, zum Fundort (in diesem Falle Rom) und zum Material des Inschriftenträgers. Außerdem werden die relevanten Quellencorpora verlinkt, wie insbesondere das CIL und die jährlich erscheinende, ebenso wichtige Publikation zur lateinischen Epigraphik L'Année épigraphique (AE). Es ist jedoch zu beachten, dass hier alle Texte lediglich in lateinischer Sprache zur Verfügung stehen.

So finden wir für den deutschen Begriff „Material" das lateinische Wort *lapis*. Die Inschrift ist also auf einem Steinsockel eingetragen, der uns noch unter dem Stichwort „archäologische Quellen" näher beschäftigen wird.

Die Inschrift – die Buchstaben sind im Original in Großbuchstaben (Majuskeln) ausgeführt – lautet unter Verwendung des Leidener-Klammersystems, der Methode zur einheitlichen Edition und möglichst umfassenden, eindeutigen und korrekten Wiedergabe von Quellen, wie folgt:

Opus Tisicratis/Cornelia Africani f(ilia)/Gracchorum
„Werk des Tisicrates, Cornelia, Tochter des Africanus, (Mutter) der Gracchen".

Das Fehlen des Wortes „Mater" hat zu einigen epigraphischen und historischen Diskussionen geführt, da der Genitiv Gracchorum hinter der Filiation steht.

Unter Datierung finden wir zwei Angaben, „a: 201 bis 300" und „b: -27 bis 14".

Die erste Zeile wird nach der epigraphischen Methode, wonach die Schriftentwicklung nachvollzogen wird, aufgrund der Buchstabenform in die Zeit von 200–300 n. Chr. datiert, die beiden übrigen Zeilen in die Zeit des Augustus (31 v. Chr.–14 n. Chr.). Die Worte „Opus Tisicratis" sind also erst in viel späterer Zeit hinzufügt worden. Die Inschrift „Cornelia Africani f(ilia)/Gracchorum" ist in Rom also fast 100 Jahre nach dem Tod der Cornelia angefertigt und öffentlich aufgestellt worden und sollte demnach vor allem die Erinnerung an sie als die Tochter des Hannibal-Besiegers Africanus und die Mutter der Gracchen aufrechthalten.

Es wird auch die Frage gestellt, ob man die originale Inschrift, die möglicherweise „Cornelia Gracchorum" – so zumindest Plutarch – gelautet hat, in der Zeit des Augustus ausgetilgt und die neue erweiterte Inschrift auf dem Stein eingemeißelt hat. Dazu aber noch mehr im Kapitel zu Cornelia und den archäologischen Quellen. Man sieht aber: Auch eine derartige Inschrift hat eine außergewöhnliche und differenzierte Geschichte, die man nachvollziehen sollte. Diese Informationen finden sich aber nicht in der Datenbank selbst, hier bedarf es weiterer Recherchen.

Bilder der Inschrift finden sich auch in der epigraphischen Datenbank Europeana EAGLE Project (The Europeana network of Ancient Greek and Latin Epigraphy – https://www.eagle-network.eu/).

Abb. 11: Logo des europeana eagle project (Quelle: https://www.eagle-network.eu/)

EAGLE vernetzt die Inhalte von Museen, Bibliotheken, Archiven und Multimediasammlungen aus 25 EU-Ländern und vereint 1,5 Millionen Objekte. Hier wird ebenfalls mit den Suchwörtern „Cornelia" und „Gracchorum" gearbeitet.

Bei EAGLE finden wir mit diesen Suchbegriffen zwei Inschriften. Bei genauerem Hinsehen fällt aber auf, dass beide Ergebnisse die gleiche Inschrift umfassen. Das eine Ergebnis bezieht sich allerdings auf den Abschnitt, der zwischen

27 v. Chr. und 14 n. Chr. entstanden ist („Cornelia Africani f(ilia)/Gracchorum") und der andere auf den 300–400 n. Chr. („Opus Tisicratis") entstandenen Abschnitt. Auch die Informationen zur Quelle weisen Ähnlichkeiten zu denen in der EDCS-Datenbank auf. So finden sich auch hier Hinweise auf Material, Fundort und Datierung. Die Publikation ist hier nicht direkt angegeben, sondern unter „Bibliography" zu finden. Zu einigen Inschriften werden sogar – im Gegensatz zur Datenbank von Clauss-Slaby – Übersetzungen angeboten.

Der Steinblock mit der Cornelia Inschrift findet sich heute in Rom in den Kapitolinischen Museen (Musei Capitoloni, Inv. Nr. 93). Der genaue Fundort des archäologischen Zeugnisses ist nicht mehr bekannt, in der Forschungsliteratur wird das Gebiet der Porticus Octaviae in Rom angeben.

Beide Datenbanken (EDCS und EAGLE) sind ähnlich aufgebaut und liefern auch vergleichbare Informationen. Diese Datenbanken dienen in erster Linie als Findmittel-Möglichkeiten. Sie liefern erste Hinweise zur Inschrift bezüglich Material, Fundort und Datierung. Durch die häufig sehr guten Abbildungen können sich vor allem Studierende ein besseres Bild von einer Quelle machen als dies in gedruckten Editionen möglich ist. Allerdings liefern die hier vorgestellten Datenbanken nicht wie die gedruckte Edition des CIL weitere Quellenhinweise zur Inschrift. Die hergestellten Texte und Lesungen in diesen Datenbanken unterscheiden sich darüber hinaus zum Teil, sodass eine gemeinsame Identifikationsnummer der Inschrift keineswegs eine identische Lesung bedeutet.

So wird im CIL auf eine Plinius-Stelle verwiesen, die berichtet, dass auf dem Sockel eine Statue der sitzenden Cornelia aufgestellt gewesen sei. Diese Informationen aus unterschiedlichen Quellen können aber erst mithilfe von Forschungsliteratur in einen Sach- und Interpretationszusammenhang gebracht werden.

Zusammengefasst sind epigraphische Datenbanken bei der Bearbeitung von Inschriften vor allem nützlich, um den Text und erste weitere Informationen, hochwertiges Bildmaterial und vor allem Hinweise zur Printpublikation und zur Edition der Inschrift zu finden. Wegen des schlanken Aufbaus der entsprechenden Datenbanken ist der geschulte Umgang mit den gedruckten Editionen (vor allem mit dem CIL und den IG) jedoch unabdingbar. Für Studierende bieten sie außerdem einen erleichterten Zugriff auf das auf den ersten Blick oft abschreckende Forschungsfeld der Inschriftenkunde.

8. Cornelia, Mutter der Gracchen in numismatischen Quellen

Datenbanken auf Basis bereits publizierter Corpora

Numismatische Quellen werden in unterschiedlichen Datenbanken bereitgestellt, die ebenfalls teilweise in Portalen zusammengefasst sind. Viele Datenbanken beziehen sich auf bereits bestehende publizierte Katalogsysteme oder auf systematisierende Forschungs- und Bestimmungsliteratur.

Im griechischen Bereich stehen Catalogue of Greek Coins in the British Museum (BMC – https://www.britishmuseum.org/collection/term/BIB3197), und Sylloge Nummorum Graecorum (SNG – http://www.sylloge-nummorum-graecorum.org/), im römischen Bereich Roman Republic Coinage (RRC), Roman Imperial Coinage (RIC) und Roman Provincial Coinage (RPC online – https://rpc.ashmus.ox.ac.uk/) online zur Verfügung. Die bekannten wissenschaftlichen Corpusbände und ihre Zitierweise sind in diesen Datenbanken übernommen worden und können herangezogen werden, wenn man Münzen in Hausarbeiten etc. zitieren will.

Universitätssammlungen und Aktionsarchive

Einen weiteren Quellenfundus bilden Universitätssammlungen und Auktionsarchive (Acsearch – https://www.acsearch.info/ und CoinArchives – https://www.coinarchives.com/) sowie zahllose privat geführte bzw. nicht institutionell eingebundene Einzelprojekte. Zuletzt bieten sogenannte Meta-Datenbanken, die sich auf das Prinzip „Linked Open Data“ stützen, die Möglichkeit, verschiedene Datenbanken miteinander zu verknüpfen. Beispielhaft ist hier die Datenbank nomisma.org (https://nomisma.org/) zu nennen.

Handhabbarkeit der numismatischen Datenbanken

Fast alle Datenbanken weisen große Bestandszahlen auf, verfügen über detaillierte Objektbeschreibungen und Verknüpfungen, ermöglichen fortlaufende Digitalisierungen und stellen hochauflösende Bilder der Münzen zur Verfügung. In der Regel bieten sie mehr und deutlich bessere Abbildungen, als die Referenzliteratur sie vorweisen kann. Es gibt teilweise differenzierte Suchmöglichkeiten, z.B. zur Ikonographie, Münzlegenden, Zeit, Ort und Region/Provinz, Herrschern und Münzmeistern. Besonders wichtig ist auch die Verknüpfung mit bibliographischen Standardreferenzen für einzelne Typen und Prägungen. Diese sind auch notwendig, wenn man bei der Suche nach einer bestimmten Münze eine genaue Eingrenzung vornehmen möchte, um nicht eine zu große Anzahl von Ergebnissen zu erhalten. Schließlich liegen gerade bei numismatischen Quellen im Vergleich zu anderen Quellengattungen eine hohe Anzahl von Exemplaren von Münztypen vor. Beispielsweise umfasst die Datenbank des NUMiD-Verbundes (Netzwerk universitärer Münzsammlungen in Deutschland – https://www.numid.online/home?lang=de) aktuell 36.953 Münzen und wächst stetig weiter.

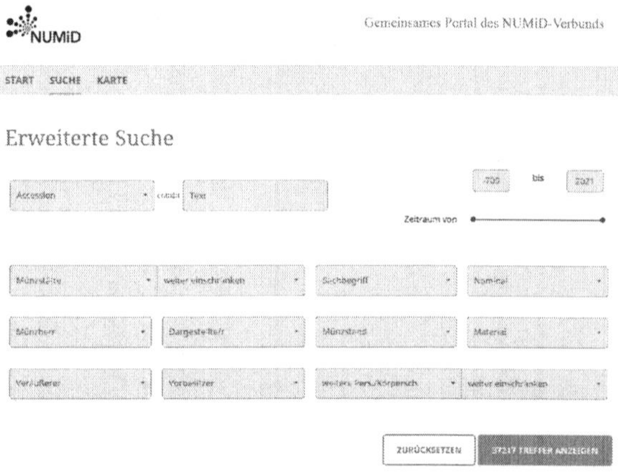

Abb. 12: Suchfunktion des NumiD-Verbundes (Quelle: https://www.numid.online/extended_search?lang=de)

Die Cornelia in numismatischen Datenbanken

Cornelia wird auf keiner römischen Münze abgebildet oder erwähnt. Von daher wird diese Quellengattung in der althistorischen Forschung nicht herangezogen, um das Bild der Cornelia zu rekonstruieren. Man erfährt aber, wenn man in den verschiedenen numismatischen Quellenbanken, z.B. in

Coinage of the Roman Republic Online (CRRO – http://numismatics.org/crro/) unter dem Stichwort „Gracchus" recherchiert, dass ein Tiberius Sempronius Gracchus in der Zeit des Octavian (des späteren Augustus) im Jahre 40 v. Chr. oder später als Münzmeister (triumvir monetalis) und designierter Quaestor für das Prägen von Münzen in Rom verantwortlich war (RRC 525/3 und 525/4). Auf der Vorderseite ist das Porträt des C. Iulius Caesar zu sehen.

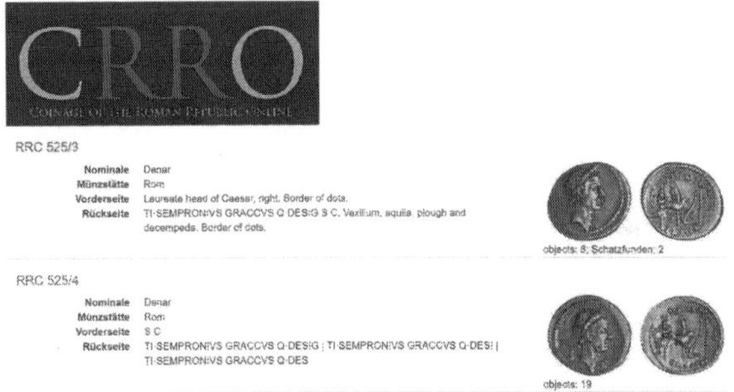

Abb. 13: Beispielhafte Darstellung der Suchergebnisse in der CRRO-Datenbank (Quelle: http://numismatics.org/crro/results?q=Gracchus)

9. Cornelia, Mutter der Gracchen in papyrologischen Quellen

Die meisten literarischen und dokumentarischen Papyri stammen – klimabedingt – aus Ägypten und sind in griechischer Schrift verfasst.

Papyrologie als Pionier in der Datenbank-Arbeit

Auf dem Gebiet der Papyrologie kommt elektronischen Datenbanken große Bedeutung zu, zumal es hier keine gedruckten Gesamtcorpora gibt. Bei der Erschließung der neuen digitalen Möglichkeiten haben Vertreter:innen der Papyrologie Pionierarbeit geleistet, wobei auch ihre ausgeprägte Interdisziplinarität und die intensiven internationalen Kooperationen eine entscheidende Rolle spielten.

Portale und Metadatenbanken

Das papyrologische Quellenmaterial wird durch „Papyrus Portale" (bspw. Papyrus Portal der Universität Leipzig: https://www.papyrusportal.de/content/start.xml) bereitgestellt, die eine gleichzeitige Suche in fast allen digitalisierten und elektronisch katalogisierten Papyrussammlungen Deutschlands und anderer Länder ermöglichen. A. Jördens hat darauf hingewiesen, dass ein einziger Click bei Papyri.info (https://papyri.info/) zu sämtlichen Paralleltexten führt, ob man „nach Einzelbelegen oder ganzen Wendungen, nach Daten oder nach Orten" sucht (Jördens 2019: 3–14). Die Meta-Datenbank „Papyri.info" bietet mit dem „Papyrological Navigator" (PN) die Möglichkeit, nach bestimmten Papyrus-Dokumenten zu suchen. Außerdem wird die Bereitstellung neuer Datensätze durch den „Papyrological Editor" erleichtert. Er ermöglicht die digitale Publikation von papyrologischen Texten, Übersetzungen, Kommentaren, wissenschaftlichen Metadaten, institutionellen Katalogaufzeichnungen, bibliographischen Angaben und Bildern.

Die Cornelia in der Papyrologie

Die Suchergebnisse werden einheitlich mit Metadaten zu einem Papyrus präsentiert. Zusätzlich wird auf die umfangreicheren und detaillierten Daten der Originaldatenbanken verwiesen. Es finden sich Informationen zum Schriftträger und dem sich darauf befindlichen Text. Die Papyrus-Portale haben einen Standard für die Erschließungskategorien und Festlegungen für Metadaten geschaffen und gleichen die inhaltlichen und informationstechnologischen Unterschiede in den einzelnen Datenbanken aus.

Der Beitrag papyrologischer Überlieferungen zur Cornelia ist gering, muss aber dennoch berücksichtigt werden. Bereits im vorherigen Kapitel zu den Quellenfragmenten ist auf die Briefe der Cornelia eingegangen worden. Die Originalbriefe sind nicht mehr erhalten und liegen lediglich als Fragmente vor. Briefe wurden entweder auf mit Wachs überzogene, zusammenklappbare Holztäfelchen (tabellae, codicilli) oder auf Papyrus geschrieben. Die Briefe sind also möglicherweise im Original auf Papyrus verfasst worden. Läge der Fall anders und es wären zumindest Papyrus-Reste erhalten, könnte sich über die sehr gut vernetzten Papyrus-Portale ein Eindruck von der Quelle selbst gemacht werden.

Was geschieht dann aber mit den Briefen nach dem Tod des Gaius? Konnten sie durch einen glücklichen Zufall erhalten werden? Sind sie für eine spätere Veröffentlichung bestimmt worden und wenn ja, von wem? Sind sie als Briefcorpus „Briefe der Cornelia“ veröffentlicht worden oder haben private Briefe der Cornelia Eingang in ein antigracchisches Geschichtswerk gefunden, das zur Zeit des Cicero in Rom kursierte? Sind die Brieffragmente möglicherweise Fiktionen eines späteren Historikers, der seine kritische Sicht auf die Gracchen mit einem fingierten Brief Cornelias belegen wollte? Diese Fragen werden seit langer Zeit in der althistorischen Forschung diskutiert, ohne dass sich bereits ein Konsens herausgebildet hätte. Sie machen aber deutlich, wie wichtig es sein kann, an die Produktion papyrologischer Texte in der Antike zu denken.

10. Cornelia, Mutter der Gracchen in archäologischen Quellen

Die Onlinedatenbanken zu archäologischen Quellen konzentrieren sich auf bestimmte Felder der klassischen und der provinzialrömischen Archäologie. Der Arbeitszeitraum der klassischen Archäologie reicht über mehr als 2000 Jahre vom 2. Jhtsd. v. Chr. bis zum Beginn des 4./5 Jhs. n. Chr. Das Arbeitsareal ist der Mittelmeerraum und angrenzende Gebiete, die griechisch oder römisch, aber auch etruskisch oder phönizisch geprägt waren. Die Klassische Archäologie beschäftigt sich demnach im Wesentlichen mit den materiellen Hinterlassenschaften der Griechen und Römer.

Bilddatenbanken

Bei archäologischen Quellendatenbanken handelt es sich vor allem um sogenannte Bilddatenbanken. Zu diesen zählen die bereits genannte Datenbank Arachne oder auch Prometheus (https://www.prometheus-bildarchiv.de/). Daneben gibt es Fachinformationsdienste. Sie dienen vor allem als Informations-Serviceportal zur Forschungsunterstützung. So stellt Archäologie Online (https://www.archaeologie-online.de/) beispielsweise aktuelle Forschungsliteratur zu archäologischen Forschungsschwerpunkten zur Verfügung.

Wir finden also in den Quellendatenbanken vor allem Abbildungen der archäologischen Quellen, häufig in besserer Qualität als in den gedruckten Editionen. Der digitale Zettelkasten mit archäologischen Zeugnissen ist aber so unübersichtlich und so stark angewachsen, dass eigentlich nur gefunden werden kann, was explizit gesucht wird. Große Ergebnismengen wirken hier eher abschreckend. Daher sind verstärkte Anstrengungen zur Kontextualisierung und Vernetzung der Daten in einem basisorientierten Zugriff vonnöten. Aus althistorischer Sicht finden sich zudem häufig

Überschneidungen vor allem zwischen den epigraphischen Quellendatenbanken und den archäologischen Bilddatenbanken.

Arachne

Hervorgehoben werden soll an dieser Stelle vor allem die Quellendatenbank Arachne. Arachne ist die zentrale Objektdatenbank des Deutschen Archäologischen Instituts (DAI) und des Archäologischen Instituts der Universität zu Köln. Die Datenbank des ehemaligen Forschungsarchivs für Antike Plastik in Köln hat sich aus Tools, die ursprünglich lokale Fotobestände katalogisierten, zu einer universellen Bilddatenbank entwickelt.

Einträge verteilen sich auf die Kategorien Bauwerke, Bauwerksteile, Einzelobjekte, Szenen, Bilder, Typen, Sammlungen, Topografien, Rezeptionen, Reproduktionen, Einzelmotive, mehrteilige Denkmäler und Inschriften. Die Datenbank verwaltet über 250.000 Objekte, 2,4 Millionen Bilder und mehr als 1 Mio. Scans von Büchern in einem einheitlichen Datenmodell.

Abb. 14: Logo von Arachne (Quelle: https://arachne.dainst.org/)

An dieser Stelle kommen wir nochmal auf die Inschrift zurück, die im DNP-Artikel zur Cornelia erwähnt wird. Es wurde bereits darauf hingewiesen, dass sich Abbildungen der Inschrift und des Inschriftenblocks in epigraphischen Datenbanken finden lassen. An dieser Stelle nehmen wir typische Überschneidungen der Quellengattungen zur Kenntnis. Auch bei Arachne ist auf eine gezielte Schlagwortsuche zu achten, da eine Vielzahl von Ergebnissen bereitgestellt werden. Statt nach „Cornelia“ sollte nach „Cornelia Gracchorum“ gesucht werden. Als Ergebnis finden sich dann die eingescannten Bände des CIL, die bereits im Kapitel zu den epigraphischen Quellen vorgestellt wurden.

31610 (= Eph. IV n. 816; supra n. 10043) basis magna marmorea longa m. 1,76, lata 1,20, alta 0,80, effossa a. 1878 in via S. Angeli *in Pescheria* e regione portae lateris ecclesiae. Nunc in museo Capitolino (*pianterreno*).

in corona superiore basis litteris saeculi fere quarti:

OPVS · TISICRATIS ·

in ipsa basi litteris aetatis fere Augusti:

CORNELIA · AFRICANI · F
GRACCHORVM

Contulimus Dressel ego Huelsen. Lanciani apud Fiorellium *notizie degli scavi* 1878 p. 133, *bull. arch. com.* 1878 p. 99, 14, *bull. dell' Inst.* 1878 p. 209 seqq.; Gori *archivio* III p. 46; Pellegrini *Buonarroti* XIII (1879) p. 239.

De statua Corneliae Gracchorum matri dedicata cf. Plinius n. h. 34, 31: *extant Catonis in censura vociferationes mulieribus statuas Romanis in provinciis poni, nec tamen potuit inhibere, quominus Romae quoque ponerentur, sicut Corneliae Gracchorum matri, quae fuit Africani prioris filia. Sedens huic posita soleisque sine ammentis insignis in Metelli publica porticu, quae statua nunc est in Octaviae operibus.* Eius basi aetate labente impositum esse aliud signum, quod a Tisicrate factum vel fuit vel fuisse dicebatur, titulus superior demonstrat. — De artificum nominibus inscriptis in basibus saeculo fere tertio aut quarto cf. de Rossi *bull. arch. mun.* 1874 p. 174 seq. et supra p. 1306; de locutione *Cornelia Gracchorum*, quae invenitur etiam apud Valer. Max. VI 7, 1 Iordan vindiciae sermonis Latini antiquissimi (progr. Regiomont. 1882) p. 12.

Abb. 15: Der Inschriftentext der Ehrenstatue (Quelle: CIL VI, 31610)

Während sich die Epigraphik – wie der Name schon sagt – mit der Inschrift beschäftigt, ist der Steinblock selbst für archäologische Fragestellungen von Interesse, die sich auch mit der verlorenen Statue auf dem Inschriftenblock und deren möglichem Aussehen und ihrer Datierung beschäftigen. Auf dem Steinblock finden sich Einlassungsspuren, die auf eine nicht mehr erhaltene Statue der Cornelia hinweisen. Um diese Statue gibt es eine lange Diskussion, in der immer wieder archäologische Argumente mit Befunden in Verbindung gebracht werden, die sich auf literarische und epigraphische Quellen beziehen. Die Printausgabe des CIL, die auch digitalisiert bei Arachne vorliegt, listet weitere literarische Quellen auf, in denen das Denkmal erwähnt wird. Plinius d. Ä. (Plin. Nat. 34,31) diskutiert in seinem Werk u.a. die Frage, ob für Frauen in früheren Zeiten Standbilder in Rom errichtet worden sind. Ein solches Standbild sei im republikanischen Rom in der Tat errichtet worden, und Plinius nennt das Sitzbild der Cornelia, Mutter der Gracchen, welche die Tochter des älteren Africanus war. Außerdem hat Plinius das Denkmal offenbar selbst noch in Rom gesehen: Cornelia sei sitzend dargestellt, auffallend durch Schuhe ohne Riemen. Er weiß auch noch einiges über den Aufstellungsort des Standbilds. Die Statue hätte sich ursprünglich in der öffentlichen Säulenhalle des Metellus befunden, werde aber jetzt in den Gebäuden der Octavia aufbewahrt.

11. Zusammenfassung

Zahllose Digitalisierungsprojekte prägen seit Jahren Wissenschaft und Forschung in den altertumskundlichen Disziplinen. In diesen Arbeitsvorhaben kommt der Alten Geschichte eine Pionierrolle zu. Digitale antike Quellendatenbanken gehören heute wie selbstverständlich zu den Arbeitstechniken und Darstellungsformen im Studium der Alten Geschichte. Sie helfen uns bei der kritischen Erforschung antiker Vergangenheit. Man kann an jedem Ort und zu jeder Zeit auf sie zurückgreifen, wenn man eine historische Fragestellung beantworten möchte. Die Welt digitaler Ressourcen ist insgesamt jedoch sehr dynamisch, sodass es schwerfällt, sie in einer Momentaufnahme zusammenzufassen und zu charakterisieren.

Im vorgestellten Projekt DiQuAG geht es um die Frage, wie Studierende im akademischen Unterricht und im Eigenstudium mit diesen digitalen Ressourcen arbeiten können. Da es notwendig ist, das wissenschaftliche Arbeiten mit den Onlinedatenbanken anhand eines konkreten Beispiels zu diskutieren, wurde hierfür eine römische Frau, die „Mutter der Gracchen" Cornelia ausgewählt. Im Zentrum der wissenschaftlichen Arbeit im Geschichtsstudium steht nicht die häufig von Studierenden gestellte Frage, wie viele antike Quellen man zur Abfassung einer Hausarbeit benötige. Vielmehr muss die grundsätzliche Einsicht vermittelt werden, dass „historisches Material" erst dann zu einer Quelle wird, wenn eine historische Fragestellung an es herangetragen wird. Die antike Quellenlage insgesamt trägt mit ihrer größtenteils bestehenden Abgeschlossenheit und der Konzentration auf fünf große Quellenbestände sehr spezifische Züge. In der Praxis stehen nur an einigen Universitätsstandorten in Deutschland für alle Quellengattungen umfassende Bestände an gedruckten Quelleneditionen zur Verfügung. Bei der Suche und Orientierung auf das gesamte zur Verfügung stehende Quellenmaterial hingegen sind digitale Quellendatenbanken sehr nützlich, weil sie orts- und zeitunabhängig genutzt werden können. Digitale Angebote bieten des Weiteren gegenüber gedruckten Editionen durchaus einen Mehrwert, etwa was Abbildungen angeht. Deshalb wurde mit dem Projekt DiQuAG der Versuch unternommen, die unterschiedlichen methodischen Ansprüche an einzelne Datenbanken zu thematisieren, um Studierenden eine kritische, zielgerichtete und zeitökonomische Benutzung zu ermöglichen.

Das thematische Beispiel zeigt, dass die digitalen Ressourcen der Alten Geschichte uns ermöglichen, in kurzer Zeit umfangreiches Wissen über Quellen zu einem konkreten selbstgewählten Thema zu erwerben. Studienanfänger:innen haben also die Möglichkeit, sich zeit- und ortsungebunden einen breiten Wissensstand zu ihren Seminarthemen aufzubauen. Den Studierenden liegen die essentiellen Quellen vor und sie bekommen durch das exzellente Bildmaterial von der Quelle selbst einen deutlich besseren Eindruck und entwickeln ein profunderes Quellenverständnis. Die zu erlernende Medienkritik schult den prüfenden Blick und fördert ein differenziertes Arbeiten auf mehreren Ebenen.

Linklisten

Acsearch: https://www.acsearch.info/

Arachne: https://arachne.dainst.org/

Archäologie Online: https://www.archaeologie-online.de/

Attalus: http://attalus.org/

Brills New Jacoby: https://scholarlyeditions.brill.com/bnjo/

Coinage of the Roman Republic Online (CRRO): http://numismatics.org/crro/

CoinArchives: https://www.coinarchives.com/

Corpus Inscriptionum Latinarum (CIL): https://cil.bbaw.de/

DeGruyter: https://www.degruyter.com/

Der Neue Pauly online (DNP): https://referenceworks.brillonline.com/browse/der-neue-pauly

Epigraphik-Datenbank Clauss-Slaby (EDCS): http://www.manfredclauss.de/

Europeana EAGLE Project: https://www.eagle-network.eu/

Gottwein: https://gottwein.de/

Greek Coins in the British Museum (BMC): https://www.britishmuseum.org/collection/term/BIB3197

Inscriptiones Graecae (IG): http://telota.bbaw.de/ig/

Loeb Classical Library: https://www.loebclassics.com/

nomisma.org: https://nomisma.org/

NUMiD- Verbund: https://www.numid.online/home?lang=de

Papyri.info: https://papyri.info/

Papyrus Portal: https://www.papyrusportal.de/content/start.xml

Perseus Digital Library: http://www.perseus.tufts.edu/hopper/

Phi 7 Searchable Greek Inscriptions: https://inscriptions.packhum.org/

Prometheus: https://www.prometheus-bildarchiv.de/

Propylaeum: https://www.propylaeum.de/

Roman Provincial Coinage (RPC online): https://rpc.ashmus.ox.ac.uk/

Sylloge Nummorum Graecorum (SNG): http://www.sylloge-nummorum-graecorum.org/

ToposText: https://topostext.org/

Wissenschaftliche Lexika und Quelleneditionen

a. Wissenschaftliche Lexika

Der Neue Pauly: Enzyklopädie der Antike, hg. v. H. Cancik, M. Landfester, H. Schneider, Stuttgart/Weimar.

H.G. Liddell, R. Scott, A Greek-English Lexicon. Revised and Augmented by Henry Stuart Jones. With a Revised Supplement, Oxford 1996.

Thesaurus Linguae Graecae (TLG): A Digital Library of Greek Literature, http://stephanus.tlg.uci.edu/.

b. Quelleneditionen

A Catalogue of the Roman Republican Coins in the British Museum, with descriptions and chronology based on M.H. Crawford, Roman Republican Coinage (1974), hg. von E. Ghey, I. Leins, Cambridge 2010.

Aischylos, Die Perser, hg. von K. Steinmann, Stuttgart 2017.

Cicero, Marcus Tullius, Brutus: Lateinisch-deutsch, hg. von B. Kytzler, Berlin/Boston 2000.

Cicero, Marcus Tullius, Über die Auffindung des Stoffes/De inventione: Lateinisch – Deutsch, hg. von T. Nüßlein, Berlin 1998.

Corpus Inscriptionum Latinarum (CIL). Consilio et auctoritate Academiae Litterarum Regiae Borussicae editum, Berlin 1862 ff.

Diodorus Siculus, Library of History (Loeb Classical Library), Vol. 1–12, Cambridge 1933–1967.

Inscriptiones Graecae, Berlin 1873 ff.

F. Jacoby u.a. (Hg.), Die Fragmente der griechischen Historiker, Berlin/Leiden 1923 ff. (FGrHist).

Livius, Titus, Römische Geschichte, Gesamtausgabe in 11 Bänden, hg. von H. Hillen, J. Feix, Berlin/Boston 2011.

Nepos, Cornelius Vitae cum fragmentis, ed. by P. K. Marshall, Berlin/Boston 2001.

Plinius, Caius Secundus, Naturkunde Lateinisch-deutsch, hg. und übersetzt von R. König in 32 Bänden, München/Darmstadt 1973–2004.

Plutarch, Große Griechen und Römer. 6 Bände, hg. von K. Ziegler, Zürich 1954–1965.

Quintilianus, Marcus Fabius, Ausbildung des Redners. Zwölf Bücher, hg. von H. Rahn. Darmstadt 5. Aufl. 2011.

Seneca, Schriften zur Ethik: Die kleinen Dialoge. Lateinisch – Deutsch, hg. von G. Fink, Berlin/Boston 2011.

Tacitus, Das Gespräch über die Redner/Dialogus de oratoribus: Lateinisch – Deutsch, hg. von H. Volkmer, Berlin/Boston 2011.

The Roman Imperial Coinage, 10 Bde. ed. by H. Mattingly, E.A. Sydenham, London 1923–2007.

Thukydides, Der Peloponnesische Krieg. Griechisch-deutsch. Übers. von M. Weißenberger. Mit einer Einleitung v. A. Rengakos, Berlin/Boston 2017.

Valerius Maximus, Factorum et dictorum memorabilium, Memorable doings and sayings. 2 Vol. ed. by D.R. Shackleton Bailey, Cambridge (Mass.) 2000.

Forschungsliteratur zur Thematik

Bagnall 2020. R.S. Bagnall, Reading Papyri. Writing Ancient History, London/New York 2. Aufl. 2020.

Beigel 2022. T. Beigel, Epigraphische Datenbanken und digitale Ressourcen, in: A. Eich (Hg.): Inschriften edieren und kommentieren. Beiträge zur Editionspraxis, -methodik und -theorie, (editio Beihefte 50), Berlin 2022, 199–213.

Berti 2019. E. Berti (Ed.), Digital classical philology: Ancient Greek and Latin in the digital revolution, Berlin/Boston 2019.

Blum/Wolters 2021. H. Blum, R. Wolters, Alte Geschichte studieren, München 3. Aufl. 2021.

Budde 2008. G. Budde, Quellen, Quellen, Quellen ..., in: G. Budde, D. Freist, H. Günther-Arndt (Hg.), Geschichte. Studium – Wissenschaft – Beruf, Berlin 2008, 52–68.

Graf 1997. F. Graf (Hg.), Einleitung in die lateinische Philologie, Stuttgart/Leipzig 1997.

Grethlein 2018. J. Grethlein, Die Antike – das ‚nächste Fremde'?; Merkur 824, 2018, 22–35.

Haber 2011. P. Haber, Digital Past: Geschichtswissenschaft im digitalen Zeitalter, München 2011.

Hartmann 2020. A. Hartmann, Datenbanken in der Alten Geschichte: Beobachtungen aus der Alten Welt, in: S. Chronopoulos, F.K. Maier, A. Novokhatko (Hg.), Digitale Altertumswissenschaften. Thesen und Debatten zu Methoden und Anwendungen Heidelberg 2020, 169–190.

Hartmann 2022. A. Hartmann, Rez. Blum/Wolters, Alte Geschichte studieren, HZ 315, 2022, 151–152.

Hoff 2019. R. von den Hoff, Einführung in die Klassische Archäologie, München 2019.

Jördens 2019. A. Jördens, Die Papyrologie in einer Welt der Umbrüche, Proc. XXVIII Intern. Congr. Pap. (Barcelona, 1.–6.8.2016), Barcelona 2019, 3–14.

Kirn 1972. P. Kirn, Einführung in die Geschichtswissenschaft, Berlin 6. Aufl. 1972.

Klaffenbach 1966. G. Klaffenbach, Griechische Epigraphik, Göttingen 2. Aufl. 1966.

König 2020. M. König, Geschichte digital – zehn Herausforderungen, in: C. Arendes u. a. (Hg.): Geschichtswissenschaft im 21. Jahrhundert. Interventionen zu aktuellen Debatten Berlin u. a. 2020, 67–76.

König 2021. M. König, Die digitale Transformation als reflexiver turn: Einführende Literatur zur digitalen Geschichte im Überblick, Neue Politische Literatur 66, 2021, 37–60.

Kuhle/Lindner 2020. A. Kuhle, M. Lindner, Alte Geschichte. Quellen – Methoden – Studium, Göttingen 2020.

Meister 1999. K. Meister, Einführung in die Interpretation historischer Quellen. Schwerpunkt: Antike, Band 1: Griechenland, Paderborn u.a. 1999, 15–16.

Mittag 2016. P.F. Mittag, Griechische Numismatik. Eine Einführung, Heidelberg 2016.

Möller 2020. A. Möller, Quellen der Antike, Paderborn 2020.

Nesselrath 1997. H.-G. Nesselrath (Hg.), Einleitung in die griechische Philologie, Stuttgart/Leipzig 1997.

Nünning/Saal 1995. V. Nünning, R. Saal, Uni-Training Geschichtswissenschaft. Einführung in Grundstrukturen des Fachs und Methoden der Quellenarbeit, Stuttgart 1995.

Paulmann/Schlotheuber 2020. J. Paulmann, E. Schlotheuber, Digitale Wissensordnung und Datenqualität: Herausforderungen, Anforderungen und Beitrag historisch arbeitender Wissenschaften, Archivar 73, 2020, 9–12.

Reggiani 2017. N. Reggiani, Digital Papyrology/1: Methods, tools and trends, Berlin/Boston 2017.

Reinard 2022. P. Reinard, Digitale Lehre in althistorischen und papyrologischen Lehrveranstaltungen – ein Erfahrungsbericht (SoSe 2020 bis SoSe 2021), in: Geschichtswissenschaften in Pandemiezeiten, hg. von P. Reinard, L. Scheuermann, Gutenberg 2022, 25–66.

Sahle 2020. P. Sahle (Hg.), Rekontextualisierung als Forschungsparadigma des Digitalen, Norderstedt 2020, 81–95.

Schäfer 2006. C. Schäfer, Digitale Erschließung und Sicherung von aktuellen archäologischen Befunden, in: R. Hering, J. Sarnowsky u.a. (Hg.), Forschung in der digitalen Welt. Sicherung, Erschließung und Aufbereitung von Wissensbeständen, Hamburg 2006, 85–91.

Schlotheuber/Bösch 2015. E. Schlotheuber; F. Bösch, Quellenkritik im digitalen Zeitalter: Die Historischen Grundwissenschaften als zentrale Kompetenz der Geschichtswissenschaft und benachbarter Fächer, in: H-Soz-Kult, 16.11.2015.

Schmidt 2015. M.G. Schmidt, Lateinische Epigraphik. Eine Einführung, Darmstadt 3. Aufl. 2015.

Schröter 2017. M. Schröter, Erfolgreich recherchieren – Altertumswissenschaften und Archäologie, Berlin 2017.

Schubert 2020. C. Schubert, Von der Fragmentarisierung zur digitalen Rekontextualisierung: Neue Perspektiven der digitalen Textanalyse, in: S. Meier-Vieracker, G. Viehhauser, P. Sahle (Hg.), Rekontextualisierung als Forschungsparadigma des Digitalen, Norderstedt 2020, 81–95.

Schubert 2018. C. Schubert, Quellen zur Antike im Zeitalter der Digitalität: Kookkurrenzen, Graphen und Netzwerke, in: Wie Digitalität die Geisteswissenschaften verändert: Neue Forschungsgegenstände und Methoden, hg. von M. Huber, S. Krämer, 2018 (Sonderband der Zeitschrift für digitale Geisteswissenschaften, 3). text/html Format. DOI: 10.17175/sb003_008.

Spickermann/Scheuermann 2015. W. Spickermann, L. Scheuermann, Grundwissenschaften in den Altertumswissenschaften, H-Soz-Kult, 5.12.2015,

www.hsozkult.de/debate/id/fddebate-132303

Forschungsliteratur zum Thema „Cornelia"

S. Barnard, Cornelia and the Women of Her Family, Latomus 49.2, 1990, 383–392.

J.L. Beness, T. Hillard, Insulting Cornelia, Mother of the Gracchi, in: Culture, identity and politics in the ancient mediterranean world, ed. P.J. Burton, E. Gruen, Melbourne 2013, 61–79.

K. Brodersen, Tiberius und Gaius Sempronius Gracchus – und Cornelia. Die res publica zwischen Aristokratie, Demokratie und Tyrannis, in: K.-J. Hölkeskamp, E. Stein-Hölkeskamp (Hg.), Von Romulus zu Augustus. Große Gestalten der Römischen Republik, München 2000, 172–186.

L. Burckhardt, J. v. Ungern-Sternberg, Cornelia. Mutter der Gracchen, in: M. H. Dettenhofer (Hg.), Reine Männersache. Frauen in Männerdomänen der antiken Welt, Köln u.a. 1994, 97–132.

S. Dixon, Cornelia: Mother of the Gracchi, London u.a. 2007.

L.-M. Günther, Cornelia und Ptolemaios VIII. Zur Historizität des Heiratsantrags (Plut. TG 1,3), Historia 39, 1990, 124–128.

J. Hallett, Oratorum Romanarum Fragmenta Liberae Rei Publicae: The Letter of Cornelia, Mater Gracchorum, and the Speeches of her Father and Son, in: C. Gray, A. Balbo, R. M.A. Marshall and C. E.W. Steele (eds), Reading Republican Oratory: Reconstruction, Contexts, Receptions, Oxford 2018, 309–319.

E. Hemelrijk, Matrona Docta. Educated Women in the Roman Elite from Cornelia to Julia Domna, London u.a. 1999.

B. v. Hesberg-Tonn, Coniunx Carissma. Untersuchungen zum Normcharakter im Erscheinungsbild der römischen Frau, Diss., Stuttgart 1983.

H.U. Instinsky, Zur Echtheitsfrage der Brieffragmente der Cornelia, Mutter der Gracchen, Chiron 1, 1971, 177–189.

M. Kajava, Cornelia Africani f. Gracchorum, Arctos, Acta Philologica Fennica 23, 1989, 119–131.

B. Kreck, Untersuchungen zur politischen und sozialen Rolle der Frau in der späten römischen Republik, Diss., Marburg 1975.

C. Petrocelli, Cornelia the Matron, in: A. Fraschetti (Ed.), Roman Women, Chicago u.a. 2001, 34–65.

H. Rieger, Das Nachleben des Tiberius Gracchus in der lateinischen Literatur, Diss., Münster 1991.

B. Ruck, Das Denkmal der Cornelia in Rom, RM 111, 2004, 477–494.

K. Schnegg, Cornelia: A Powerful Woman, in: Powerful Women in the Ancient World. Perception and (Self)Presentation, ed. by K. Droß-Krüpe, S. Fink 2021, 323–348.

M. Sehlmeyer, Stadtrömische Ehrenstatuen der republikanischen Zeit. Historizität und Kontext von Symbolen nobilitären Standesbewußtseins, Stuttgart 1999 (Historia Einzelschriften 130).

H. Stegmann, Cornelia, Der Neue Pauly (DNP), 3, 1997, 166.

Geschichtsdidaktik theoretisch

Philipp McLean

Mündigkeit in der historischen Bildung

Eine Untersuchung über Gründe, sich kritisch mit Geschichte zu befassen

Warum sollen Schüler*innen Geschichte lernen? Ein zentrales Ziel historischer Bildung ist der Erwerb von Mündigkeit. Philipp McLean stellt in diesem Band ein emanzipatives Mündigkeitsverständnis vor, das Schüler*innen auch über den Geschichtsunterricht hinaus Möglichkeiten zur Selbstbestimmung im Bildungsprozess aufzeigt.

ISBN 978-3-7344-1558-6, 464 S., € 69,00
PDF: ISBN 978-3-7566-1558-2, € 68,99

ISBN 978-3-7344-1473-2, 272 S., € 32,90

ISBN 978-3-7344-1408-4, 200 S., € 29,90

ISBN 978-3-7344-1390-2, 312 S., € 28,00

www.wochenschau-verlag.de

Geschichtsunterricht erforschen

Meik Zülsdorf-Kersting

Geschichte und Gesellschaftslehre

Die Studie „Geschichte und Gesellschaftslehre“ wendet sich historischen Lehr-Lernprozessen in Unterreichtsreihen zu. Wie gestalten sich die Anbahnung und Performanz historischen Lernens in Unterrichtsreihen? Welche Lerneffekte lassen sich beschreiben?

ISBN 978-3-7344-1590-6,
392 S., € 45,00
PDF: ISBN 978-3-7566-1590-2,
€ 44,99

ISBN 978-3-7344-1507-4,
552 S., € 72,00

ISBN 978-3-7344-1231-8,
208 S., € 29,90

ISBN 978-3-7344-1229-5,
272 S., € 29,90

www.wochenschau-verlag.de
www.twitter.com/Wochenschau_Ver
www.instagram.com/wochenschau_verlag

Standardwerk

Hans-Jürgen Pandel

Geschichts-didaktik

Eine Theorie für die Praxis

Wie für andere Wissenschaftsdisziplinen ist es auch für die Geschichtsdidaktik ein Gewinn, wenn von Zeit zu Zeit die vielen Einzelforschungen und Diskussionsbeiträge zu einem Thema in einem deutenden Gesamtüberblick zusammengefasst werden.
Mit diesem Band legt Hans-Jürgen Pandel ein solches, für die Geschichtsdidaktik längst überfälliges Werk vor. Sein Band richtet sich sowohl an Studierende, Referendarinnen und Referendare als auch an gestandene Lehrerinnen und Lehrer, die ihre Ausbildung bereits lange abgeschlossen haben. Den Berufsanfängern bietet er einen gelungenen Überblick über die widerstreitenden und strittigen Veröffentlichungen, den „Profis" einen aktuellen Einblick in die geschichtsdidaktische Diskussion aus heutiger Perspektive.

ISBN 978-3-89974670-9,
480 S., € 39,80
PDF: ISBN 978-3-7344-0485-6,
€ 31,99

Aus dem Inhalt:

Geschichtsdidaktik • Logik der Geschichtswissenschaft • Geschichtsunterricht • Geschichtsbewusstsein • Geschichtskultur • Didaktische Konstruktion – Themen- und Inhaltsbestimmung • Kompetenzen und Standards • Methodik – Grundsätze und Regeln methodischen Handelns • Präsentationsformen – Medien historischen Denkens und Lernens • Arbeitsformen • Sozialformen • Prinzipien • Unterrichtsplanung • Guter Geschichtsunterricht • Forschung • Literatur

www.wochenschau-verlag.de